最佳实践萃取

CAPTURING TACIT KNOWLEDGE

孙波 著

江苏人民出版社

图书在版编目（CIP）数据

最佳实践萃取/孙波著. 一南京:江苏人民出版
社,2017.5(2023.7重印)
　　ISBN 978-7-214-20586-5

　　Ⅰ.①最… Ⅱ.①孙… Ⅲ.①企业管理 Ⅳ.
①F272

　　中国版本图书馆 CIP 数据核字(2017)第 063802 号

书　　　名　最佳实践萃取
著　　　者　孙　波
出 版 统 筹　杨　健
责 任 编 辑　陈　茜
责 任 监 制　王　娟
出 版 发 行　江苏人民出版社
地　　　址　南京市湖南路 1 号 A 楼,邮编:210009
照　　　排　江苏凤凰制版有限公司
印　　　刷　江苏凤凰通达印刷有限公司
开　　　本　718 毫米×1 000 毫米　1/16
印　　　张　9.75　插页 1
字　　　数　150 千字
版　　　次　2017 年 4 月第 1 版
印　　　次　2024 年 5 月第 11 次印刷
标 准 书 号　ISBN 978-7-214-20586-5
定　　　价　42.00 元

(江苏人民出版社图书凡印装错误可向承印厂调换)

序

　　我上高中时是文科生。对于文科的学生来说,要记住历史课本上那么多历史片段、事件和琐碎的知识点,实在是叫人抓狂的事儿! 可是让我有点"小骄傲"的是,我基本上可以把一本历史教科书从头到尾、一字不差地背下来。很多人都说:"那你一定是每天熬夜用功吧!?"——实际上,我并没有花那么长时间去死记硬背,真正的秘诀在于,我发现了历史课本的编写者在讲述每一段历史的时候都采用了基本相同的结构,甚至是相同的句式。例如,不管是介绍法国大革命还是介绍英国的工业革命,课文的最后一段都会有三句话:第一句话介绍这场革命对本国的影响,第二句话介绍这场革命对整个世界历史发展的影响,最后一句话一定都是介绍这场革命给中国的历史发展带来的影响。发现了这些讲述框架之后,每一篇课文在我脑海里变成了一棵棵结构清晰的树,每一个知识点就变成了树上的果子,历历在目,记忆每一段历史就变得简单和容易多啦!

多年以后,我在IBM大中华区的学习培训部门工作,当时的CLO(首席学习官)是一位有着银灰色头发、非常干练的女士——南希·路易斯(Nancy Lewis)。每年她都会在公司主要的几个大区巡回一次,了解各个地区学习项目的发展情况。对所有来汇报的学习项目经理,她都提出一个要求:请用且只用一张PPT介绍你的项目,并且尽量少地使用文字。南希认为,如果你不能用一张图来表达自己所做的项目,那么证明你还没有想清楚,就不要来汇报。那时候的我,也曾经为了这一张PPT绞尽脑汁、反复修改,以便让它更加简洁、明了、切中要害。

类似上面这样的点滴小事,我还经历过很多很多。它们连贯起来,就像一副画卷一样逐步地打开,最后完整地向我展示出一个清晰的事实:当信息是结构、逻辑的,它更容易被人理解,也更容易被人记忆。

也许,正是类似上面提到的这些点滴经历和经验不断积累,给我带来了一个受益终身的技能:从众多零散的、碎片化的、具象性的信息中抽象出要点,并运用逻辑思维来为这些信息增添一个结构。

更加幸运的是,我现在经常辅导客户设计与开发课程,在这个过程中尤其需要运用到抽象和结构化要点这一特长。一个课程从无到有,就是从问题点开始,逐步"发展"出一个问题解决的结构化方法,并把这个方法有效地传递给受众。挖掘问题的结构化解决方法这一过程,就是我们所说的"最佳实践萃取"。在过去十余年的工作经历中,我经常要同各行各业的业务专家和管理专家会面,利用访谈以及其他一些"最佳实践萃取"的技术,从这些专家的身上把他们解决各类问题的经验和方法挖掘、提炼出来,变成我课程中的框架结构、主要模型、关键原则等等。"最佳实践萃取"是课程设计与开发底层一个最核心的技术,因此它也是从事教育培训、人才发展和知识管理的专业人员需要了解和掌握的一项关键技术。

"最佳实践萃取"这项技术既然如此重要,那么在传统的课程设计与开发理论中是如何阐述的呢?在各种传统的课程设计与开发理论中,内容的攫取和开发这个部分主要介绍的工作方法就是"工作任务分析"(Task Analysis),即:把任务步骤分解清楚后,再去挖掘整理底层的态度(Attitude)、知识(Knowledge)和技能(Skill)要素。在实际工作过程中,我发现这项技术在目前的企业课程开发时,有两大应用的局限。

1. 在分析工作任务和工作步骤底层的技能要素时,传统理论往往会提到这些技能需要来自内容专家(Subject Matter Experts),但是对于怎样来自于专家,并没有更加详细的阐述。现在较为流行的做法是,公司把自己的专家们聚集在一起,通过几天的工作坊让他们产出自己企业的最佳实践,但是结果往往差强人意:专家们产出的内容可能比较零散、不成体系,更糟糕的情况是:内容深度挖掘得不够,真正在专家头脑底层那些好的经验还是没有浮现出来。以这样的内容为基础开发出来的课程,常常被业务部门批评为"没啥用、白花钱"。——这种现象充分说明,挖掘出专家在完成工作任务时最底层的经验做法并进行结构化,这才是整个课程设计与开发最最关键的环节。为此,课程设计师需要介入到专家的分享过程,协助他们更好地、更深入地并且更加结构化形成产出,而本书中所阐述的方法和工具,就是专门针对这个环节精心设计开发的。

2. 传统的工作任务分析方法更多是基于工业时代的任务特点。众所周知,课程设计与开发的方法最早是在美国军队的士兵培训中形成的。当时士兵们在学习什么任务呢?如何搭建工事、如何安装枪支、如何操作一个复杂的武器等等。这些任务大部分是"可视化的工作任务",也就是工作任务过程更加容易被人所观察、所记录。由此发展起来的培训领域工作任务分析方法,也大都基于"可视化的工作任务"。例如,我在加拿大学习课程设计与开发的时候,老师在课堂上带我们进行工作任务分析练习,使用的主题就是"冲泡一杯美式咖啡";美国最大的一家课程设计与开发培训公司在自己的培训课程中,会使用"园丁如何锄地"这个工作任务进行练习。然而,在当今的知识经济时代,我们面临的更多是"不可视的工作任务",例如:分析问题、做出判断和决策、识别异常点并解决、影响他人等等。因此,人们越来越重视"认知任务分析"(Cognitive Task Analysis),这种任务的分析更加不容易,更加考验人的抽象与分析能力。本书中介绍的方法和工具,不仅关注专家们外化的行为动作(怎么"做"的),更适合于挖掘专家们内在的思路(怎么"想"的),可以很好地满足各类组织挖掘专家深层次最佳实践的需求。

在本书中,我分享的主要是从自己做过的课程设计与开发项目中提炼出来的工作方法和工作心得。当面对各种各样的课程设计与开发项目需求时,传统的理论和方法有时没办法完全提供支撑,我会本着"以终为始"、无论如何也要产出结果的念头,一步步地摸索。在这个过程当中,一条萃取专家经验的逻辑慢慢地浮现出来,而且在不同的项目中被反复使用,都取得了非常好的效果。

在萃取最佳实践的时候,我们不仅仅像一个掘金者,更像一个金匠,不但要把经验从专家身上提炼出来,还要用自己的形式去展示这些经验。因此,就像每一条美丽的项链不可避免地带着金匠个人印记一样,被呈现出来的、结构化的最佳实践,也会带有萃取者的个人特点。不过,这并不影响好的经验的传播与复制。好的金匠能让原本普普通通的金子更加闪耀亮丽，而最终萃取出来的最佳实践不仅是专家的精华，也包含萃取者的精心琢磨，会让目标受众收益更多。"最佳实践萃取"这项工作价值非凡，我衷心地期盼，所有从事这项工作的人力资源从业者们能够通过不断地练习，成为金匠大师，让更多有价值的知识得到更加广泛的传播。

我要衷心感谢鼓励我写下这本书的《培训杂志》主编常亚红老师，感谢江苏人民出版社的编辑们！书中的所有视觉图都是张爽老师亲笔画的，她的作品让本书更加熠熠生辉，在此一并表示诚挚感谢。

最后，我要把这本书书献给林恩学习(Lean Learning)的顾问们：丁志勇老师、刘妍老师、赵鹤老师，是和你们一起为客户服务的经验成就了这本书！

孙 波

2017.2

推荐序

1970 年，Joseph D. Novak 提出了绘制概念图（concept map）的方法，帮助增进对概念的理解和内隐知识的显性化，这大概是关于最佳实践萃取最初的尝试。显性化最佳实践本来是一个非常难的工作，因为很多最佳实践相当隐秘甚至是在人的无意识层面，但孙波老师还是从自己多个项目的操盘经验中萃取了最佳实践萃取的最佳实践。想起 3 年前在建外 SOHO 的星巴克，孙波老师刚完成两个非常有意思的项目，她告诉我说要做一个产品叫"story to STORY"，帮助组织去发现、沉淀组织智慧，我能感受到她当时的兴奋和笃定。最终看到的是书中更加结构化的"SPAS"。

事实上每个人都活在最佳实践的世界里，处理每件事都在本能地调用自己的最佳实践（经验），老板告诉你不能那样做，妈妈告诉你应该这么做都是基于最佳实践。同时我们也对别人的最佳实践感兴趣，比如我每次遇到一个挑战场景的学习设计，都会给孙波老师打个电话，问一下她是怎么做的。如果学习到某个领域顶尖专家的最佳实践，无疑会缩短我们的摸索时间和犯错成本，提升整体效率和带来最佳实践重新排列组合产生的创新，这对整个组织的发展都有推动作用。但很多时候，当询问别人怎么做的时候，做的人无法准确描述自己的思考过程，使用SPAS可以把这些隐形知识挖掘出来，然后通过推广，让更多人得以提升效率。

虽然书中所描述大多数案例主要是用来帮助企业内部的课程开发和学习项目设计，但萃取最佳实践的价值远不止于此。在阿里，无论是解决空降兵落地难还是新产品开发慢，无论是提升流量转化率还是提高产品的日活跃度，萃取最佳实践都有用武之地，即使是 Machine Learning(机器学习)，也是在结合最佳实践持续调优计算模型。因为无论在哪个领域，都有更好的做法，我们所要做的是去找到这些做得好的，提炼出最佳实践，通过精心的设计，让其他人可以掌握。一家做互联网二手车平台的企业，连续 6 个月经营流水没有增长，最后找到了 11 个经营最好的商家，通过访谈和提炼，总结了 6 个要诀，通过两天两晚付费的工作坊，实现了提升商家和平台的粘性，提升腰部和腿部商家的销售额的目标，平台还获得了几百万的收益。背后的核心正是萃取与推广最佳实践。

有些企业告诉我,他们面临的问题是创新乏力,商业模式要创新、员工管理要创新、产品开发要创新,萃取最佳实践对创新有用吗?必然是有的,创新是人类的本能,每个人降生以后,就在好奇地探索这个世界。即使你给员工编制了标准的工作流程,也一定会有人不按照流程,而是结合自己的认知和理解去工作。问题是,组织是否容许不一样以及如何去发现这些异见做法。如果内部缺乏更加有效的做法,还可以结合自己的实际情况去学习外部的最佳实践以进行创新,比如《设计冲刺》帮助了上百家创业公司获得产品开发和创意变现的成功。

使用最佳实践也会遇到问题,一家从事互联网家装行业的创业公司,在全国各地的市场和运营都做的风生水起,企业也非常留心沉淀了自己市场开发和运营的方法,也积累了庞大的户型、材质和用户偏好的数据,但是在进入海南市场的时候却败的一塌糊涂,因为海南的气候、民俗、户型都是此前数据中没有遇到的。即使是企业内部的最佳实践,也不代表放之四海而皆准,面临具体问题仍然要结合具体场景灵活使用。通过这次失败,企业又为自己的最佳实践增加了很重要的一条:分析当地的气候和民俗,当未来进入新疆或台湾市场的时候,提高成功的可能性。这个小案例告诉我们，"最佳实践"中的"最佳"其实是一个无限接近但永远达不到的过程。

所以，萃取最佳实践这条路，并没有终点。相信这本《最佳实践萃取》可以帮助很多组织总结过去，踏向未来。

阿里巴巴集团人力资源部　胡智丰

2017.3

目 录

1

第 1 章　关于最佳实践

一个知乎上的回答

今年年初,我在"知乎"上看到了一个有趣的问答:

一位男士问道:如何回答女生"你喜欢我什么"这样的问题?

一个匿名网友回答:"这不是有公式吗?"

一个时间点＋一件小事＋形容润色＋海誓山盟

如:"四年前的一个早上,你忙碌着为我准备早餐,看着你的身影,我仿佛看到了天使——美极了! 那时我便默默对自己说,这就是我要用一辈子去疼爱的人……"

不知道你看完这个好玩的问答是什么反应,反正我是默默地拿起了笔,按照上面的公式尝试着写下了下面这段话:

"还记得那个下雨的夜晚,你在电话里一遍又一遍地嘱咐我要赶快吃药,好好照顾自己,听着你焦虑的声音,我在心里默默地想,这应该就是我要共度一生的人吧……"

怎么样,还不错吧。瞬时间,我从一个情商较低的人变成了一个情话高手。这也许是网络段子手们无心写出的一个笑话,但是它却非常精准地反映了在商业环境下"**最佳实践萃取**"这个专业话题。

让我们来看看它们之间的对应关系和流程。

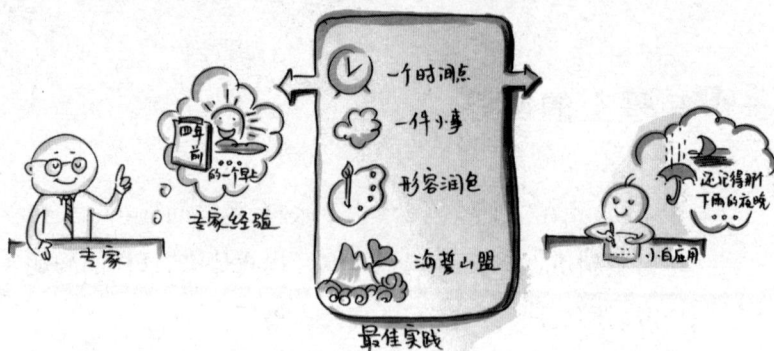

□ 专家与专家经验

这位匿名网友就像是企业里稀缺的业务专家,他说起情话来,又准又稳,信口拈来,像极了公司的销售大拿、技术大牛、服务小能手等,在碰到问题的时候,上面提到的这些专家总能当机立断,甚至不假思索,就能给出最佳的解决方案,他们拥有某一领域专业知识和技能,而且积累了丰富的实践经验。

网友说出的这段话其实就是专家的经验。而在我们每天的实际工作中,也发生着一个又一个的故事、案例,专家的专

2

长和技能就表现在各种各样的场景里,并且不断地重复、不断地更新。一旦受到场景的刺激,专家的经验就会自动涌出。下次又有另外一个女孩子问他:"你喜欢我哪里呢?"没准他又脱口而出另外一段感人的情话,里面的"一件小事",应该会替换一下吧。

专家们在各种场景下体现出来的经验、技能,有一个很重要的特点:富有故事情节,但往往没有清晰的框架。

□ 最佳实践

说情话的四个要素就是结构化的最佳实践,"知乎"上的这个情话高手不仅仅自己说得好,还能把经验提炼成一个公式,这就更厉害了。在现实生活中,只有部分专家具备这个能力,更多的人是做得很好,却不会把自己的方法提炼出来,说不出所以然来。

典型的专家在描述自己的工作方法时,特别常见的语言是下面这样的:

- "做销售最重要的就是找到客户的点"。
- "我通常会把去年的数找出来,然后估计一下,今年大概能做多少额度就能出来个数。"
- "做会议营销时,把握住现场的度很关键。如果度把握不好,营销对受众的影响力就大大降低。"

上面这些专家都很有经验，然而对经验的结构化却做得不足，这样其他人就不太好复制他们的方法。很多专家在尝试总结自己的最佳实践时，最后说出一句"这方面的做法，真的是'只可意会，不可言传'"。如果没办法用结构化的语言表达出来，我们就认为这些只能是经验、是感受，而不是最佳实践。

真正好的最佳实践应该是结构化的，可以用语言清晰描述的并且相对固定的。就像上面"知乎"的例子，女孩不同、时间不同、说的话也不同，但不变的是这四个元素。这也是我在这本书里想探讨的主题。最佳实践的本质就是结构化的经验，简单、可复制，能指导他人提升自己的工作绩效。

❑ 小白与小白应用

"小白"泛指企业里大量工作经验还不那么丰富的员工，他们通过各种方法获取最佳实践，并且在自己的实际工作中尝试使用。在使用的过程中，小白们的技能得到提升（就像我一样，了解了方法后，几秒钟就写出了以前完全写不出来的情话），企业的业绩也会提升。

接下来，就让我们通过更多的企业案例，来理解最佳实践的特点以及在企业内部推动最佳实践项目的价值与意义。

最佳实践的定义

在维基百科上，**最佳实践是一个管理学概念，即认为存在某种技术、方法、过程、活动或机制，可以使生产或管理实践的结果达到最优。**

先来看看我在过去几年里碰到的一些真实项目案例，让我们一起分析一下最佳实践都有哪些特点。

案例 1

小丽是一家幼儿教育机构的门店店长。这家教育机构在北京的各大商圈和商场里有 40 多家门店。每个门店的店长主要负责组织区域性的市场宣传和销售的活动，并为来店里的客户提供良好的服务，讲师管理和课程产品则由总部来负责。

望京店已经是小丽负责的第四家门店了，因为公司发现她有一个很大的特长——"起死回生"。每次她接手一个业绩不好的店，总能在短期内迅速找到切入点，扩大这个店的声望，让这个店的销售步入正轨，她是公司里最宝贵的员工，很快就要升职为区域经理。

如果你对小丽做一些访谈，会发现她在接手一家新店的时候，会默默地观察一段时间，然后在心里做一个决定："这个店只要把某个方面或者某个产品做好，就一定能扭转。"这说明她有一套清晰的思路来收集信息，诊断店面的问题,并找到有针对性的、性价比最高的营销活动来解决问题。她身上这些未被整理的诊断思路、判断的维度以及推进执行的技巧,就是公司里宝贵的最佳实践。

小丽是一个典型的可以接受最佳实践萃取访谈的员工。

案例 2

刘明是一家顶级互联网公司的产品经理,负责公司一个网上旅游预订产品的运营。用户在这个平台上可以预定酒店、预定机票、预定机场接送的车等等。

刘明的手上掌握着公司上千万的推广预算,如果你在网上预订酒店时,突然弹出一个大红包,告诉你只要下单预定就会立减 200 元,那很有可能这个机制就是刘明设计的。

在设计各类补贴型产品运营活动的时候,最重要的原则就是"钱要花在刀刃上",要补贴最需要补贴的人,让补贴带来更大的用户群体和利润。而刘明在这个方面是公司首屈一指的专家,他每天晚上都会分析大量后台收集的数据,再加上过去多年旅游行业的经验,就可以判断出数据出现上升或者下降的原因是什么,分析出各种数据趋势背后所代表的意义,识别出哪些群体是最容易受到补贴刺激下单的人,哪些行为是应该受到鼓励的,进而准确制定第二天的补贴计划。

刘明对旅游行业的深入洞察、旅客行为的理解、分析数据和制定决策的思路等,就是所在组织宝贵的最佳实践。

刘明也是一个典型的可以接受最佳实践萃取访谈的员工。

案例 3

老张在国内一家顶尖的内燃机生产企业工作,同时也是国家特级维修技师。他骄傲地对我讲:"有一次,一个轮船的内燃机发生了故障,清华大学的教授修了半个月没修好,我过去一看,用手摸一摸就找到了问题。"如果你认真地了解,会发现老张非常清楚内燃机不同故障的表征都是什么,并且知道两种以上表征同时出现的时候,可能是什么问题。例如,这个机器在冒黑烟,同时某个部分震动异常,这说明机器的某某管线堵塞了。不管内燃机出了什么故障,老张总能用最短的时间、最简单的检测方法找到问题的原因。

老张头脑中各类表征的组合,以及基于组合所做的判断,就是他多年工作经验形成的最佳实践。

老张也是一个典型的可以接受最佳实践萃取访谈的员工。

以上这些人是我每天在项目中会面对的人,他们每个都身怀绝技,是组织里最宝贵的资产。通过他们的例子,我来总结一下最佳实践的特点:

1. 这些经验基本都是隐性的。

"隐性"的意思是：这些经验都存在于专家的头脑里，一旦有情境触发（例如接手了一个新的门店、收集到了一天的用户数据或者一个内燃机出现了故障），这些知识就自然地发挥作用，指导专家工作判断与决策。这些隐性的知识没有被外化出来，即还没有从他们的头脑中总结出来，形成文字、图片、描述等等。

2. 这些经验是结构化的并且相对稳定的。

我们可以清晰地看到，这些专家在完成各种挑战任务的时候，头脑里是有自己的思路的，这些思路帮助他们判断问题，找到解决方法。但并不是每一次挑战任务的解决都是一个新方法。这些结构化的方法有着相对的稳定性。比如，小丽在接手望京的门店时，所使用的问题分析与解决的思路，在她下次接手石景山门店的时候，还会使用。虽然这两个门店的数据不同，得到的解决方案不同，但是她的思路和方法是相对稳定的。

正因为有了以上的特点，最佳实践才具备了被萃取的价值，因为它让经验外化，可以更加直接和方便地传递给其他人。

为什么要萃取最佳实践

笔者认为，组织里任何肩负人才培养和组织发展职责的人员，都应该理解最佳实践萃取的作用和价值，并在合适的场景

下,在组织内推动这样的项目。三个原因会让你觉得最佳实践
萃取是非常有价值的项目。

1. 保留了企业最宝贵的知识资产。

前面我提到的三个案例里,那几个专家的经验都没有被重
视,也没有被有意识地保留下来。假如那个国家特级维修技师
(他已经快 60 岁了)退休了,那个会补贴的产品运营经理被另外
一家公司高薪挖走了,那个优秀的门店店长被提拔成管理者,不
再做具体的业务,那么结果可想而知,他们的宝贵经验就流失
了。而这些经验都是专家们在工作岗位上积累的,从某种程度
上讲,它们不仅仅属于专家,也属于企业。专家的离开就会造成
企业宝贵的知识资产的浪费。

惠普的前总裁兼首席执行官路·普莱特(Lew Platt)曾经
说过一句话:"如果惠普知道惠普知道的,那么它的利润将是现
在的三倍。"惠普服务过太多的客户,执行过无数超大级项目,但
是因为没能及时地记录、整理,导致再去服务客户的时候,需要
从头再来,过去掉进去的坑可能又会让惠普摔跤。这位前企业
最高的管理者会把这些直接看成成本的增加或者利润的减少。

华为的首席知识官谭新德先生也提到过:"华为最大的浪
费是经验的浪费。"正因为如此,华为从培训部门到业务团队
都极其重视案例的梳理和编写,以便让宝贵的经验在企业内
部流转。

2. 专家在萃取经验方面需要帮助。

另外一个需要推动最佳实践萃取项目的原因,是绝大多数的业务专家不具备自我经验梳理的能力和方法。

如果你看过《我的兄弟叫顺溜》这个电视剧,可能还记得里面一个非常有趣的片段。王宝强扮演的二雷是个射击能手,每次上战场都能准确射杀敌人,营长让他给战友们讲讲是怎么做到的,二雷憨厚地摸了摸自己的头说:"我就是跟我爹打獐子,獐子特别难打。"营长觉得他的回答驴唇不对马嘴,可是二雷除了这句话就再也说不出别的了,哦,对了,他还说了一句:"我就每天晚上看蚊子。"营长气得鼻子都要歪了。

如果你和企业里形形色色的业务专家聚在一起,请他们分享个人经验的时候,你就会发现像二雷这样的人还是非常多的,他们自己做得很好,可是要总结分享自己的套路和经验时,他们却完全说不清楚,让人听得云里雾里。

从经验中提炼出结构化的方法,需要这个人具备抽象的能力和逻辑思维的能力,以便从故事中、感受中、碎片化的体验中,梳理出一个做事和思考的框架。对很多人来讲,这并不是一件容易的事情。在下一个小单元,我会总结一个可以很好萃取经验的人应该具备什么样的能力。

因此,人力资源和培训部门可以扮演这个角色,运用一定的方法辅导业务专家总结自己的经验,表达自己的看法。

在《我的兄弟叫顺溜》这部电视剧里,营队里有个政委叫翰林,他一天都没摸过枪,也没射杀过一个敌人,但是他非常好地梳理出了二雷的经验：

"敌人上山的时候,瞄准头部,子弹射出后正好打中胸膛";

"敌人下山的时候,瞄准脚步,子弹射出后正好打中胸膛"。

翰林不是业务专家,但是他是最佳实践萃取的专家。

3. 给人力资源和培训部门带来业务影响力。

人力资源部门和培训部门最最关心的应该是自己的工作是不是被业务部门认可,是不是给业务部门真正带来了业务价值。

最佳实践萃取对业务部门有着天然的吸引力。在《我的兄弟叫顺溜》这部电视剧里,最开始成天逼着二雷分享自己射击经验的就是三营长。他特别希望自己营里的兄弟们都能像二雷一样,打敌人一打一个准,二雷分享不清楚的时候,三营长着急得要死,一个劲地追问:"就说说你是怎么瞄准的,你是怎么射击的? 你是怎么练成这个神枪法的?"三营长这样的热情和期盼,真的和企业里的业务老大们一样。

我曾经为一家酒店集团做项目,他们拓展了一项与各个地方的小酒店合作开办轻奢酒店的业务,发展得非常好,公司开始招兵买马,要把这项业务快点扩大。这个业务的总负责人跟我分享说,他手下有个销售,去和各个小酒店谈合作的时候特别给力,总能有效地打动这些业主愿意和这个集团合作,因为业主们一定会被他描绘的美好前景所打动。负责人觉得如果所有的销售都能像这个人一样的话,那么部门的业务目标达成简直是小菜一碟。

他也像三营长一样,整天在这个销售的后面像祥林嫂一样:"就说说你是怎么打动业主的,你是怎么把他们的顾虑解除的!"

业务的最佳实践会直接带来业务的增长。

既然业务部门天然地认可最佳实践的价值,那么我们人力资源或者人才发展部门怎么样协助业务部门更好地完成这项工作呢?

我们可以运用自己的专业能力,帮助业务部门总结自己的打法。业务部门会觉得我们提供的产出贴地气、有实效。在刚才说的电视剧里,政委翰林一开始是被三营长瞧不起的。三营长总问他:"你摸过枪吗?你打死过小鬼子吗?"但是当翰林把二雷的经验总结得清清楚楚,在小黑板上画出来,讲得底下的战士们频频点头,讲得二雷大声喊道:"翰林,你说得一点儿没错!"的时候,三营长由衷地说了一句:"我真是信了你的邪呀,一天枪没摸过,讲起来头头是道。"从这以后,三营长应该更加倚仗这个政委了吧。

为业务部门执行最佳实践萃取,还有一个好处是让我们更加理解业务。通过这种项目,我们能清晰地看到业务部门工作的逻辑与方法是什么,业务部门在哪些地方会碰到挑战,真正优秀的业务人员与普通的人员有什么区别等等。理解了这些,也会为我们更好地为业务服务提供很多洞察。

萃取最佳实践需要哪些能力与技能

理解了最佳实践的含义与价值后,我想简单地分享一下,如果想像翰林一样把专家的经验萃取出来,萃取者都需要哪些基本的能力与技能。这里有一个简单的评测小量表,你可以一边阅读,一边为自己的各项能力与技能打一个分数。

	新手			应用				熟练		
	1	2	3	4	5	6	7	8	9	10
业务洞察能力	•	•	•	•	•	•	•	•	•	•
影响与推动能力	•	•	•	•	•	•	•	•	•	•
访谈能力	•	•	•	•	•	•	•	•	•	•
引导能力	•	•	•	•	•	•	•	•	•	•
抽象能力	•	•	•	•	•	•	•	•	•	•
逻辑思维能力	•	•	•	•	•	•	•	•	•	•
通用管理理论的积累	•	•	•	•	•	•	•	•	•	•
(口头、书面)表达能力	•	•	•	•	•	•	•	•	•	•
情商	•	•	•	•	•	•	•	•	•	•

下面,我们详细看看上面这些条目的内涵。

□ 业务洞察能力

在内部推动最佳实践萃取的项目,一定要找到业务的痛点。基于公司未来的发展以及目前经营的现状,哪些技能是核心的,改善之后对业务的促进是最大的,这些技能萃取的必要性就越大,这样的项目也最能获得业务的认可。

☐ 影响与推动能力

一旦识别了需要萃取的技能,人力资源或者人才发展部门就不是一个人在战斗了,要获得业务老大的认可与支持,要调动业务专家的资源,要协调后期的落地与执行等等。这些都需要我们能够有效地去影响与说服他人,有技巧地呈现价值,消除他人的疑虑等等。

☐ 访谈能力

项目终于进入正轨,正式启动了。访谈是萃取最佳实践的一项重要技术和方法,访谈既需要有清晰的逻辑,能掌控整个访谈过程,确保得到访谈结果,又需要具有语言和沟通的技巧,能让被访者感到受尊重、受认可,激发被访者分享出更多的信息和真实感受。尤其在专家们不知道该如何分享的时候,访谈者要能灵活地变化问题,让被访者更加容易地分享他的经验。

☐ 引导能力

在萃取最佳实践的项目里,引导能力与访谈能力是相并列的技能,我们不仅仅会对专家进行一对一的访谈,很多时候还需要把相关的几个甚至十几个专家聚集在一起,就某些典型的挑战进行分享、研讨和总结。

引导背景、经历不同的专家在进行研讨时,需要引导者具有清晰的引导逻辑,并且需要有效运用各种工具,让参与研讨的人能够就问题畅所欲言,互相碰撞。引导中常见的挑战,例如如何调动积极性、如何管控时间等,在最佳实践的引导中也都会碰到。除此之外,最佳实践引导中特殊的挑战是不同的专家可能有不同的意见、不同的看法,如何进行现场的管控和调节是考验萃取人员的难点。

□ 抽象能力

对于最佳实践萃取来讲,抽象能力非常重要。专家分享的是活生生的故事,我们需要从里面发现规律,找到本质,抽象出结构化的方法。就像一个聪明的人看到别人写的情书,就能从里面剥离出四个写情书的元素一样,我们也需要从专家的真实故事里,找到元素、找到框架、找到原则、找到步骤。

□ 逻辑思维能力

在抽离出元素、框架、原则、步骤后,我们还需要能理解这些元素间的逻辑关系,哪些和哪些属于一个层级的,哪些属于其他不同类别的。

我曾经为某家药企设计萃取"医药销售团队管理"方面的最佳实践。第一个访谈是从这家企业负责销售的副总裁开始的，预约访谈到他非常不容易，一开始只安排了 30 分钟的时间。

访谈的主要目的只有一个，我希望他分享一下目前销售经理们在管理销售队伍方面所面临的问题，他大概花了十几分钟跟我分享了他的看法，他是一边思考一边分享，基本上是想到哪里说到哪里。

我在记录的时候，就注意理解他说的每一句话的含义，并在我的纸上对他的信息做了基本分类。于是在他跳跃式的分享结束后，我对他说：从您刚才的分享中，我发现在"带领团队达成销售目标"方面，目前的管理者主要有三大类障碍：

- 第一类是由于外部政策环境变化而带来的管理挑战。由于国家在医药销售监管方面的改变，目前管理团队有这两个变化……

- 第二类是由于公司对团队管理者的角色要求已经发生了变化，让管理者有了新的挑战。这主要体现在这些方面……

- 第三类是管理者自身管理技能不足带来的挑战。刚才您跟我分享的主要有这三大技能不足……

等我总结完后，这位负责销售的副总裁眼睛一亮，他觉得分析得很清楚，并且基于这个框架给了自己的补充，原定半个小时的访谈一直进行了一个半小时才结束。

逻辑的结构给信息带来力量,不管是在提炼最佳实践的时候,还是在传播最佳实践的时候,都非常重要。

☐ 通用管理理论的积累

如果想成为一个好的最佳实践萃取者,我们平时多多阅读各类好的管理书籍是非常必要的。其实,各类思想理论的书籍本质上就是人类在各个管理领域的最佳实践的总结。通读和积累这些管理知识,对于让我们理解专家们的思路和做法非常有帮助,专家们的经验基本上都是这些优秀管理理论在具体行业、具体客户、具体项目中的体现,如果我们心中有一些优秀的理论模型,则不仅仅能够帮我们快速识别专家的经验结构,甚至可以帮助我们诱导出专家更多的内容。

举例来说,美国心理学教授罗伯特·西奥迪尼(Robert B. Cialdini)的《影响力》(第1部)和科里·帕特森(Kerry Patterson)等所著的《影响力》(第2部)这两本书,对我来讲就非常有帮助。这两本书从心理学的角度,阐述了一些清晰的原则和框架,告诉读者如果想影响或者改变另外一个人的想法与行为,应该如何去操作。

在萃取不同行业、不同人员的经验时,我发现很多人的工作本质上都是驱动他人去改变想法与行为。例如,作为管理者,他需要让下属认可自己的思路,并且能让下属采取行动;作为销售,他需要做的是改变客户的想法,让客户发生购买的行为;作为项目管理者,他需要做的也是驱动全项目组的人能够按时、按质完成项目工作。因此,我们发现优秀的管理者、销售和项目经理在进行工作的时候,都在贯彻这两本书里的很多原则,只不过他们自己可能不知道而已。

有了这些通用的管理理论作为基础,我们在萃取最佳实践的时候,更多的就是找到这些原理的应用。

例如,《影响力》(第1部)这本书里介绍一条"互惠"的原则,意思是如果你想从别人那里获得一些什么东西,就要先给对方一些东西,出于互惠的原理,对方通常会回报你。如果你在萃取一个优秀的销售的经验,你会在他身上发现这条原则的应用。对于售楼处的销售,他在使用哪些显性或隐性的互惠来影响客户;对于IT解决方案的销售,他在影响银行IT经理的时候,又在使用哪些显性或者隐性的互惠在影响客户。

因此,平时多看书,多积累有价值的模型,对做好专家的经验萃取也非常关键,这样我们就可以站在巨人的肩膀上工作了!

❑ (口头、书面)表达能力

你可能很好奇,为什么表达能力对萃取最佳实践很重要?这是因为最佳实践萃取出来的目的就是为了更大范围的传播与复制。因此,能够很好地运用文字、图片、模型、语言、比喻、数字等等手段更好地进行表达,让菜鸟和小白们能一看就懂,就非常重要了。

□ 情商

我把情商放在最后一项，但绝对不是最不重要的一项。相反，我认为它可能是这里面最重要的一项。最佳经验萃取本质上是对人的加工，我们挖掘的对象是人，一旦有人的存在，就有情感的诉求。

事实上，很多专家并不一定愿意跟我们分享他们的最佳实践。这里面的原因可能包括：

• 教会了徒弟，会不会饿死师傅？专家可能会想：我这些经验都是多年的积累，如果都和盘托出，会不会影响我在组织里的地位和价值？

• 这项工作并不能直接给我带来业务绩效，是我工作之外的额外工作。我为什么要费很多力气参与？

• 来萃取最佳实践的这个人，看来并没有很多我这个领域的经验，我是不是在浪费时间？

• 其他类似的问题可能还有很多。

因此，萃取者需要关注到被萃取者的这些心理诉求，并且去满足他们，让他们理解这件事情对组织，尤其是对他个人的价值是什么，同时给予充分的认可和鼓励，让他们乐于分享。

在前面提到的一个案例中，我为某个内燃机公司进行维修内燃机技巧的经验萃取项目时，有六位国家特级维修技师来参加项目。他们马上就要退休了，对参与这项工作的意愿度并不高,可能是因为他们觉得我和我的团队完全不懂什么是内燃机,连内燃机的运行原理都一无所知。

我们项目组的一位顾问在琢磨了他们的具体情况之后,这样和他们进行了沟通:"我们这次萃取项目的产出是为公司制作一套关于内燃机维修的课程,包括讲师手册、学员手册等等,而且这套课程会成为公司未来此类课程的样本,未来各类维修类课程都会参照这个课程的结构与活动。你们六位老师傅在这套课件产出中会发挥很大作用,在最终的产出里,我们会把六位的名字都放在'贡献者'的栏目里。"

这个小建议对这六位老师傅起到了很大的鼓舞作用,大概是觉得自己在公司辛辛苦苦工作了一辈子,临近退休的时候还能在公司的历史记录中留下自己的名字,这是非常宝贵的认可和奖励吧。从那以后,他们接受访谈的配合程度大大提升,圆满完成了萃取的任务。

中国的各类技术专家们其实都非常可爱,容易满足,只要我们时不时地给予认可、鼓励,让他们的上级知道他们做出的贡献,他们就会特别配合我们的工作。

以上就是我们总结的要做好最佳实践萃取项目的个人需要具备的能力和技能。这些能力和技能必须通过大量的项目实践得以锻炼和提升,是按照本书的工作方法操作最佳实践类项目底层需要具备的能力。

接下来我们会简要介绍一下实施一个最佳实践萃取类项目的具体流程与方法。

☐ 如何萃取最佳实践

本书会详细地介绍萃取及应用组织最佳实践的方法，在这里我们先来看一下本书的整体脉络：

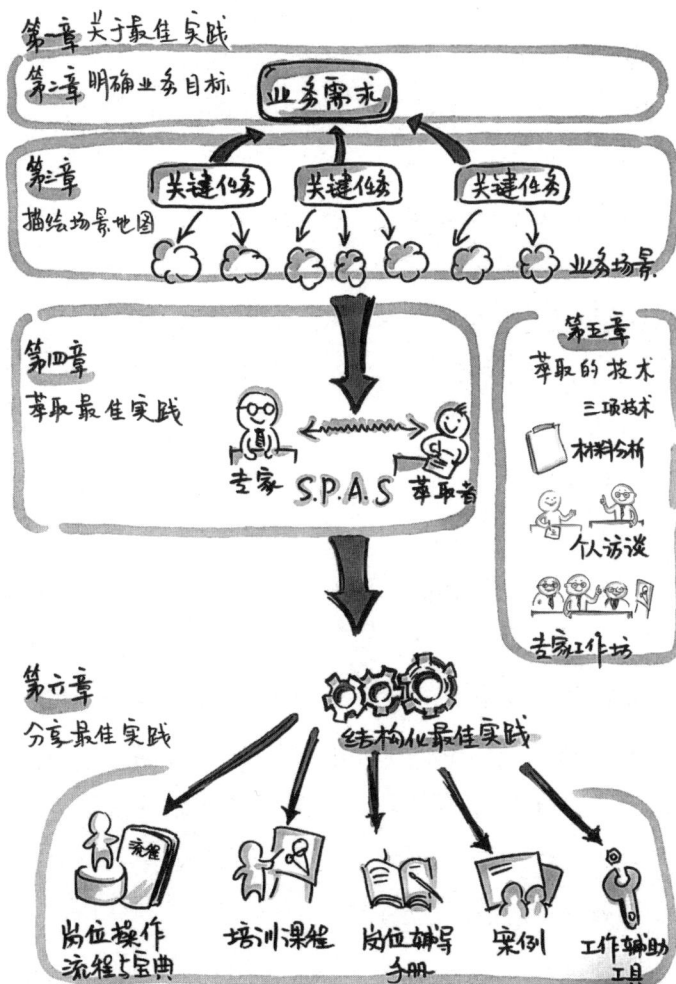

1. 首先，我们要从明确业务需求入手，来开始"萃取最佳实践"之旅。

我在实际的工作中碰到过很多人力资源或者培训部门的管理者，他们自己对最佳实践萃取技术非常感兴趣，想要引进和学习，但是在组织里始终找不到能很好契合的业务需求。在这种情况下，很难产生好的结果。因此不管是培训的管理者，还是为客户提供咨询服务的公司，都要首先明确这个组织、这个公司目前业务的目标，以及在实现这个目标的过程中碰到的问题与难点。其次，要分析这个问题是不是最佳实践萃取技术可以帮助解决的。最佳实践萃取不是万能药，很多问题的解决钥匙不在它这里。最后，如果确实是通过最佳实践萃取可以解决的，那么我们要用商业术语清晰地界定业务需求是什么。

这个部分在本书的第 2 章会有详细的介绍及案例分享。

2. 其次，从业务目标出发，规划出萃取的任务及场景，绘制场景地图。

卡尔霍恩·威克（Calhoun Wick）等美国学者在《把培训转化为商业结果——学习项目的 6D 法则》一书中，提到"为了设计出有效的学习方案，你需要知道引起杠杆作用的重要行为——即：对结果有重大影响的行为。"（见该书中文版第 39 页）我们在这个步骤做的事情也正是这样。

从业务目标开始，思考、分析、讨论组织里"哪些人（群体）"

要把"哪些工作任务"的质量提升(也就是有杠杆作用的重要行为),从而能达到业务目标,解决业务问题。这些任务或者行为要用标准的动宾结构来描述,以便使目标非常清晰。

之后,我们要把这些任务作为"主干",去分析这些任务在这个特定的组织环境里都有哪些应用场景。因为最佳实践(隐形的、可被结构化的工作思路、方法和技巧)都是在场景中被激发的,具有典型的场景性。

把场景整理完毕,形成地图,就可以"按图索骥",去挖掘每个场景下的最佳实践了。

这个部分我们在第 3 章会详细阐述。

3. 从场景出发,进行经验的深度发掘。

第 4 章是本书的核心,会从一个场景入手,讲解如何去挖掘最佳实践。我们去梳理专家的经验,不能没有头绪、没有章法地去问问题,这一章节分享的就是梳理专家经验的逻辑。依据众多的项目经验,我们从中提炼出了 SPAS™ 模型。

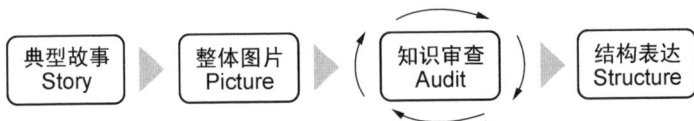

4. 挖掘经验的底层技术。

在第 5 章,我们会介绍进行最佳实践萃取的三项核心技术:材料分析技术、访谈技术和引导技术。不管是哪种技术,都会运用 SPAS 的逻辑去收集信息、分析信息、进行结构化的提炼和总结。同时,每项技术又有其独特的技巧和不同的应用情境。组织里的一个最佳实践萃取项目往往是这三项技术的结合。

5. 最后,如何使用萃取出来的最佳实践产出。

为了让最佳实践产出能够发挥最大的效用,我们会简要介绍以下几种常见的运用形式:

- 转化成某个岗位的流程说明、操作宝典与操作指导手册
- 转化成培训课程
- 转化成经理们可以使用的岗位辅导手册
- 转化成企业围绕某个岗位或者某个关键人物的优秀实践案例(集)
- 转化成辅助提升绩效的工作指导工具(Job Aids)

总　结

- 最佳实践是专家的工作经验,具有隐性、结构化、稳定的特点。
- 专家在工作中形成的最佳经验,是企业最宝贵的

知识财富,人才发展和培训部门应该有意识、有目的、系统地进行萃取与整理,用于员工的发展。

• 专家是最佳经验的拥有者,却不一定是最佳经验的萃取者,人才发展和培训部门可以承担起这个职责。

第2章 明确业务目标

现在,你了解了组织里最佳实践的含义及意义,如果你想在组织里开始着手推动最佳实践萃取的项目,第一个步骤就是要找到明确的业务需求,明确项目的业务目标。明确业务目标需要完成三个步骤:

1. 准确地找到这项技术可以如何帮助组织解决现在所面临的问题。

最佳实践萃取并不是一个万能药,你需要知道它能解决什么问题,不能解决什么问题,这样才好找到可以推动项目的机会点。

这里需要你具备很好的业务理解和洞察的能力,找到组织里让业务部门觉得痛的地方。

2. 获得 sponsor 的支持。

Sponsor(支持者)指的是业务部门的负责人,如果你找准了要解决的问题,还要让这些业务负责人认可你的工作思路,即通过萃取最佳实践的方式来解决问题。在这里,你要能够成功地让他们理解什么是最佳实践萃取(大部分业务部门理解,但也有人不太明白这个词的含义),以及这个方法可以如何帮助他们达成目标。只有你成功地说服了业务负责人,他们才可能拿出预算,调动专家来参加你的项目。

这里需要你具备良好的影响和推动能力,用业务的语言去和这些业务负责人对话,简洁明了地呈现项目的价值,并且为他们画出一个实施的路径,让他们知道该如何配合你。

3. 激发专家分享的动机。

在业务部门的老大已经认可项目价值之后,你还需要调动参与项目的专家们的积极性。你需要让业务的专家与能手们认识到参加这类项目对自己的价值在哪里,让他们更加开放地分享自己的故事与经历、分享自己的见解。

在接下来的这一章里,我们就会介绍如何完成上面的三个步骤,明确业务目标,为你的项目打下坚实的基础。

第一步:找到业务问题

要找到业务问题,最有效的办法就是和业务部门的上上下下多进行各种正式和非正式的沟通。在沟通的时候,围绕他们的业务工作主要询问两个问题:

1. 你们都在做什么? 你们想达成的目标是什么?

2. 在达成目标的过程中,最大的问题和挑战是什么?出现这些问题和挑战的原因是什么?

针对第一类问题,你还可以延展出很多小问题。假如你正在面对一个公司的事业部老大或者业务经理,下面的小问题能帮助你来更加深入地询问。又或者向业务老大询问这些问题可能显得我们太外行了,你可以悄悄地和其他的业务经理们进行沟通,你的目标就是要获得下列问题的答案,不同的人可能有不同的看法,都去听一听,然后形成自己的判断。

- 我们事业部的盈利模式是什么? 我们是如何赚钱的?
- 我们事业部今年的业务目标是什么(量的描述和质的描述)?
- 我们事业部最重要的业务增长驱动要素是什么?
- 我们事业部的核心战略是什么? 我们的打法是什么?
- 哪些岗位或者哪些角色对于实现我们的业务目标是最重要的? 他们如何发挥作用?
- 市场上的竞争对手都有哪些? 我们在定位、风格、特点等方面,与竞争对手的差别是什么? 竞争对手有什么强项和弱项?

这些信息不一定要通过非常正式的会谈获得,反而是类似午餐、闲聊等形式更能拿到很多真实的信息。

针对第二类问题,你也可以延展出如下的小问题,帮助你更好地探寻：

　　•今年达成业务目标的难度如何？如果有难度的话，为什么？

　　•你能感知到哪些对达成目标不利的因素，内部的、外部的、表面的、底层的、业务的、资源的、人才的等等方面？

　　•对于这些障碍和问题，你打算如何解决？为什么你会优先选择这种解决方法？

找到业务部门最关注的问题，就等于找到了影响业务的钥匙。未来在推动任何人才发展和培训项目的时候，从痛点入手去说明价值永远是最有效的方式。

当然，不是所有的业务问题都是我们能解决的，不同的业务问题，我们可以从哪些角度去协助业务部门解决，那就考验我们的专业能力了。在人才发展领域，各种技术层出不穷，人才测评、领导力发展、行动学习、引导技术等都是非常有效的手段。在这里，我们只讨论哪些问题是可以通过"**最佳实践萃取**"这项技术来解决的。

　　最佳实践萃取的项目，本质上是从优秀员工身上挖掘经验，并且复制推广到普通的员工身上，从而从整体上提升部门业绩，解决部门的业务问题。

接下来，让我们再深入地去理解业务的问题，来识别可以推进最佳实践萃取项目的机会。我们把组织里面临的问题分为两类:已知的问题和未知的问题。

若凡是一家互联网房产销售公司的业务员。这家公司运营着一个非常有名的房地产网站,把城市中的楼盘信息整合好,提供给购房者。一旦购房者有任何的购房意愿,就可以在网站上申请去看房,并且从网站这里获取购房的优惠。同时这家公司有几百个像若凡这样的业务员,他们从线上拿到购房者的信息,与他们对接,带他们去看房,并且促进销售达成。一旦销售达成,业务员就会从其中获得相应的提成。

年初,公司对若凡提出了两个要求:

1. 把自己的月销售额提高50%,这意味着若凡需要能有效邀约到更多的客户,建立信任并促成交易。

2. 开拓自己的线下客户。这一点是公司今年进行战略转型所带来的变化,过往,若凡只需要跟进网站上有意愿的客户就好了,这些客户会在网上留下自己的联系方式和购房需求。但是现在公司发现网站上能带来的有效客户越来越少,必须要从线下拓展用户群,多在线下做一些运营活动,例如设计主题型看房团等,才能满足公司未来发展的需要。

上面这两个要求就属于两类不同的业务问题。

第一类:已知的问题。若凡**"提高月销售额的方法"**对于公司来讲不是陌生的问题,是公司一直在做的。公司在"如何在电话里邀约客户"、"如何在短暂的时间里获取客户的信任"、"如何邀请客户来看房"、"如何在客户看完房子后催促客户成单"等方面有着丰富的经验。公司有十几位前线成长起来的业务经理,每一个人都有非常多的方法和技巧。这一类问题最适合做最佳经验萃取,把优秀人员的经验萃取出来,教给若凡这样的前线人员,只要他们掌握得好,就能够顺利地把自己的销售额提高50%。

第二类:未知的问题。拓展线下销售渠道是以前公司从来没有做过的,不仅仅若凡不知道该如何着手,那些业务经理也没有经验。公司上下都在探索可以"如何在线下做更多的活动"、"如何实现线下的招新"等。这类问题不太适合做最佳实践萃取,因为我们并没有好的经验作为基础。就好像提炼金子需要有金矿一样,贫瘠的沙漠无论如何也淘不出金子来。这类问题通常出现在公司转型或者进行变革的时候。

那么,这类问题可以如何解决呢?

一是引入公司外的经验。对于这些新问题，也许我们公司不会做，但是另外一家房地产公司有很强的线下渠道拓展能力，可以从它那里招聘员工，获取经验。或者请行业内在这方面做得很好的老师和专家来授课辅导。

二是公司内部进行共创。把内部优秀的人员聚集在一起，通过研讨与共创的方式，一起找到可解决问题的方法，并且不断实践、不断改进。在这种情况下，运用业务引导技巧、开展行动学习项目，是非常不错的选择。

但是不管怎么样，第二类问题不太适合进行最佳实践萃取，萃取出来的东西价值也不大。

理解了这两类问题的区别，对于我们选择解决方案就有了指导意义。作为公司的人力资源或者培训部门，运用各种方法洞察公司目前的业务状况，然后找到目前公司发展或者目标达成过程中的障碍因素之后，你就可以进行如下分析：

"这个问题是属于要解决我们已知的问题吗？"

"我们有擅长的专家吗？有丰富的经验吗？有行业领先的优势吗？"

如果你对上述问题的答案都是"Yes"，认准了这个问题属于第一类"已知的问题"，那么你就可以放心大胆地开启最佳实践萃取的项目，协助业务部门把优秀经验进行提炼与复制。如果你的答案是"No"，确认面临的是"未知的问题"，你可以思考一下，还有哪些其他的方式更能解决目前的问题。

从过去几年为客户实施最佳实践萃取项目的经验中,我识别了几大类常见的最佳实践萃取项目可以适用的场景,相信对很多公司也会有所启发。如果你的公司也碰到以下情况,就可以考虑启动最佳实践萃取的项目。

企业的核心优秀人才离职率高。我接触过一家国际医药企业,在药品的"市场准入"环节做法非常成熟,有着行业里顶尖的人才和团队,他们对国家的医药体系、制度非常熟悉,知道如何与各层级的政府部门及大医院打交道,在促进本公司医药进入到各层级的采购目录方面,有过多个项目的操盘经验。自然而然,这些人也成了其他医药公司觊觎的"钻石",于是该公司不断出现核心人才被挖走的情况。这个时候,最佳实践萃取势在必行,萃取核心优秀人才的行业洞察和隐形经验,形成可传承的知识,可以在很大程度上对冲核心人才离职造成的损失。

核心人才离职率高

越是行业排名靠前的公司,在自己的核心业务领域越容易受到这样的威胁。

企业的某些特定岗位需要批量复制人才。我接触的一家聚焦在本地生活服务的互联网公司,每个月都要在全国招聘上百个"地推人员"。一方面是因为业务发展太快;另

批量复制人才

一方面,是因为这些业务员离职率很高,不管是主动离职还是被动淘汰,每个月总有一大批人离开这个公司。公司需要新招聘的人员能迅速了解地面推广的流程与方法,在一个星期内就能正常工作,产出业绩。我碰到的一家保险公司也有同样的问题,每个月都要培训上百名新员工。这种情况是行业特色,保险推销员离职率总是很高,公司也不肯花更长的时间培养员工,多、快、好、省是培训的目标。

在这种情况下,萃取出来成熟员工的经验,把它变成标准的流程或者操作手册,运用多种手段迅速让新来的人接触到这些知识,是最好的解决办法。

企业的人员构成各异,背景有差距。我还碰到一些企业,某些部门碰到了自己之前不熟悉的业务,因此招了很多背景各异的其他行业的能手。例如滴滴,就聚集着众多之前在纸媒、电视传媒和传统互联网行业进行招商的高手,他们需要共同探索滴滴这个全新的平台可以如何更加有效地招商。在这种情况之下,公司的诉求是赶紧让这些人的经验进行分享与融合,开发出适合自己公司的方法。

最佳实践萃取就是融合这些人的经验,探索行之有效的工作方法的好工具。我们可以组织这些人分别总结自己的经验,进行分享与交流,并且就新平台下的一些典型挑战进行充分的交流与碰撞,研讨出可能合适的方法并进行验证。

　　企业是行业的标杆，想打造行业标准的。想象一下，如果腾讯愿意贡献自己游戏开发的经验，萃取"如何设计与开发让玩家尖叫的游戏体验"的经验，那么有多少

打造行业标准

游戏从业者愿意参加；如果华为愿意分享"国际化项目管理"的经验，又有多少走出国门的企业会非常感兴趣。当一个企业成为行业领头羊和标杆的时候，就有资格整合最优秀的人才，成立行业商学院，打造行业标准，这应该是最有效的企业营销工具。

　　我曾经在 IBM 公司工作过。在十年前，IBM 有着全球最顶尖的 IT 架构师，公司萃取了这些人的经验，研发出自己的 IT 架构认证体系，并向全球的 IT 技术人员开放认证。我记得自己曾经与一位销售总监一起吃饭，他告诉我：他在向客户介绍公司方案的时候，往往非常顺畅，容易获得认可，因为很多客户的 IT 技术经理都"参加过我们的 IT 架构师认证"。

　　如果你的公司有这样的行业地位，不妨考虑成立行业的商学院，利用最佳实践萃取的项目，把公司在行业中领先的最佳实践打造成标杆课程或认证体系，在行业内进行推广认证，这样一定能更好地扩大自己的行业影响力。

第二步：获得 Sponsor 的支持

接下来，让我们看看在找到业务问题之后，如何与业务部门进行沟通和互动，以便让业务部门愿意支持我们做这样的项目。

在若凡的案例中，如果你是这家基于互联网的房地产销售公司的培训经理，敏锐地感知到今年业务部门的业绩压力大，销售指标大幅度提升，而前线的人员流动率大，新增的小白很多，那么你就可以走到销售总监的办公室，敲敲门，告诉他：如果给你 10 个业务专家，通过访谈和工作坊的方式，可以带他们产出销售百宝囊，这个百宝囊包含了最优秀销售的经验和智慧，可以让这些小白尽快地成为成熟销售。通过项目，还可以产出前线的岗位辅导手册，让经理们知道如何快速地辅导小白成长。

根据我的经验，你很有可能在第一次就获得业务部门的认可。当然，获得认可的过程中，你有可能受到他们的挑战。

业务部门对最佳实践萃取项目的挑战主要有两大类：

第一类挑战："什么是最佳实践？"

这位业务总监听了你的汇报后，他不太清楚到底你说的销售百宝囊是什么样子的，也不明白你说的岗位辅导手册是什么东西，这些真的能帮他的销售快速成长吗？这时的关键问题是，他不理解最佳实践的含义。

这个时候，我通常会向业务部门解释："最佳实践就是把专家做某件事情的流程、方法和技巧总结出来，变成一个可以照着操作的模板和工具，以提高绩效。""它比一个 SOP（标准操作流程说明书）更有价值的是，还会围绕每个步骤里的难点做深度讲解，尤其是一些隐性的决策思路"。当然，我承认即使说了这些，业务部门有的时候还是会云里雾里，不能理解它到底是什么，因此也就没办法认可它的价值。

让业务部门看到真真实实的产出样例，是解除这个困惑的最佳办法。在看完本书后，也许你可以尝试在自己的组织内开始一个最佳实践萃取的小项目，哪怕是组织 2～3 位专家，围绕一个主题，做一些问题的分类和总结，产出一些规范的工作流程和技巧，把它作出一个最佳实践的样例，未来对你推动大的项目执行会非常有帮助。一旦业务部门看到了你的产出，就会懂得它的价值在哪里。

有的时候，业务部门会主动找你，想解决一些问题，他们一般不太会非常清晰地描述出来自己需要的就是最佳实践萃取，原因很简单：他们并不是这个领域的专家，这个时候就需要我们来识别与引导。

两年前,我接触过一家快消品公司,该公司推出了一种创新的代理销售模式:在社区里广招加盟门店,这些门店主要是连锁加盟的形式运营。因为这种模式具有创新性,受到了国家的保护,在五年之内其他公司不得采用这种运营模式。于是这家公司野心勃勃,打算在五年内占据更多的城市市场,这样可以使得后来者难以追赶上。然而,模式的推广碰到了发展不均匀的挑战,有的城市拓展就非常顺利,盈利也好,有的城市则非常不顺利。

业务部门的老大很头疼这个问题,给出的药方是希望培训部门能尽快把公司的要求和门店经营的规章制度对那些落后"店主"进行培训。因为她发现有的门店尽力贯彻公司的要求,有的贯彻得就不好。其实,这是一个典型的最佳实践萃取项目需求,不同城市和店面的运营结果差距,主要源于店主参差不齐的经营能力,应该从优秀店主身上萃取好的经营规划思路和方法,以及市场营销、销售与管理的技巧。但这位业务部门的老大并不知道最佳实践的存在,所以只能想到要把公司的要求和规范进行培训,显然培训部门这时就应该承担起"引导"业务部门的责任。

第二类挑战:为什么是人力资源部门来做这件事情?

业务部门天然的想法是:"你又没有业务经验,你为什么能萃取最佳实践呢?这不是业务专家的事情吗?"

从我们的观察来看,很多业务专家在回忆自己经验的时候是碎片化、片段式的,常限于具体的细节而很难抽象出整体的图片。例如,我们曾经访谈过一些业务人员如何进行业务规划,他们通常的回答是这样的:

"我先看历史数据,然后估算一下今年的目标,像我们的部门每年的 6 月是最关键的,那个时候是我们招揽新客户的黄金时间,所以我们通常都是要把 6 月份要开展的市场活动定好,现在很多人的问题是没这个意识,很多活动错过了黄金的节点"。

从上面的对话,我们可以发现一些专家分享的特点:

1. 有一些隐性经验没有说明。

例如"估算今年的目标",其实这里应该有估算的方法或者公式等等。但是在专家的实际工作中,因为他的经验丰富,已经变成了自己的直觉,可能他只要看到去年的数字,结合自己的一些感觉,就能比较准确地说出来今年的目标怎样制定才合理,但是这个已经"直觉化"的方法和公式他自己说不清楚。

通常我还听到的语言包括:"做销售就要找到客户的'点'!""这非常考验项目经理对大项目的掌控度,掌控得好就能避免这个问题"。这些描述都是模糊的、不清晰的、不可拆解的、不可复制的。然而业务专家觉得只能说到这,没有办法更加详细地拆解了。

2. 专家容易很快跳入到问题的细节中，而缺少整体的框架。

估算出今年的目标后，估计可以找到很多条要做的事情，但是这位接受访谈的专家只强调了 6 月份的市场活动这一项，也许因为这一项是最重要的或者是他目前正在重点做的。很少有专家能这样分享："制定出目标后，有 5 件事情要做，其中第一项是规划市场活动，这里有三个节点，最重要的第一个节点是 6 月份的招揽新客户活动，这个节点做好的重要元素是能够提前规划"。这种回答方式是站在全局的，有层次、有重点、而且能提炼和抽象一些东西的。

既然专家做不到这一点，就需要我们具备这个能力，并且在与专家的对话中逐步形成这种结构性。

业务的老大们对自己的业务专家"会做不会说"这个特点也很了解，因此我们要让业务部门了解到人力资源和培训部门可以协助和辅助专家，使他们在总结自己的经验时更加全面、更加结构化、更加准确描述出核心的要点，只要能把这些价值点描述清楚，就可以获取业务部门的信任。

获得业务老大们对最佳实践萃取项目的支持，除了要解决上述两个困惑外，还要向他们解释清楚要想这个项目能做好，都需要明确哪些事项：

- 需要哪些专家的资源。
- 实施的路径是什么。
- 专家需要花费多少时间来配合我们（尽量降低专家参与的时间，专家脱岗工作意味着业务要花非常大的成本）。

- 实施中可能有哪些风险,我们要如何避免这些风险。
- 最后的产出是什么,我们可以如何使用这些产出。

这部分内容每个企业每个项目的情况不同,需要培训经理们自己去总结。总之,核心的要点是要让业务老大们知道如何配合你,他才更愿意支持你的项目。

我们在为客户服务的过程中,也碰到过有的项目是业务老大自己直接发起的,这是非常非常难得的机会,如果做好了,培训部门会获得业务部门高度的认可和尊重。如果碰到这种情况,我们就更应该拿出专业的工作态度,和老大们主动沟通上述问题,确保项目顺利进展。

第三步:激发专家分享的动机

业务部门终于认可了你推动的事情,选择了 10 个业务专家来配合你完成这项工作。这时,你马上就会碰到下一个问题:如何让这些繁忙的业务专家愿意花时间来分享,或者把自己的经验整理写下来。老大们的推动很大程度能解决这个问题,但是我们不能全部都依赖业务部门。我们在和专家们沟通的过程中,也需要花费心思,激励业务专家配合我们。

根据我们的经验,可以从以下两个角度入手。我参考了科里·帕特森的《影响力》(第 2 部)一书中的影响力框架,来说明这个问题。

1. 激发他们的分享动机。

• 从个人动机来讲,培训经理可以强调这项工作对公司以及对他人的意义,能帮助别人成长是一些专家的内在动机,我们总能在各个公司发现一些能力强又乐于分享的专家,他们是公司特别宝贵的财富,一定要识别出来,重点关注。我们还可以告诉专家们,参加最佳实践萃取项目是一个珍贵的机会,可以让人暂停下来整理自己的经验,个人的收获远远大于他人的收获。事实也确实是如此,我们在不同的企业带领过最佳实践萃取的工作坊,参加完工作坊的专家们特别喜欢过程中讨论和梳理的过程,也喜欢有机会和其他部门、其他业务条线的人共同切磋。

• 从社会动机来讲,一定要让他们的上级认可他的贡献,让直属管理者从时间上给予支持,从结果和付出上给予认可。培训部门可以做的是让相关的人员,尤其是直属上级时刻知道专家们做了什么、贡献了什么等等。

反之,如果专家们因为配合我们的最佳实践萃取项目而被上级抱怨浪费了大量时间,那就会极大降低他们的动机。人力资源或者培训部门一定要做到事前沟通、事中汇报、事后认可。

• 从系统动机来讲,给予他们一定的物质回馈或者绩效评估的偏向,也是很好的刺激。通常有三类操作方式:

第一类:奖励额外的个人成长机会。既然专家们贡献了自己的经验,我们可以给予他们更多学习资源的倾斜,让他们有机会参与到好的内外部学习项目中去。

第二类:设置绩效倾斜机制。在晋升评定、绩效考核上,让参与过最佳实践萃取的专家们有优先权。一家股份制银行在内部设计了非常好的促进知识分享的机制,如果一位技术专家要获得技术评定的晋级,有 25％的决策权属于人力资源部门,而人力资源部门评定这位专家是否可以晋级,主要就看他在知识积累和知识分享上做了多少有价值的事情。IBM 也有类似的机制,每一位经理每年都必须有 3 天左右的时间交给人力资源和培训部门,协助他们完成各种人才培养的项目,如果这三天不达标,管理者们就没有办法得到 A 的绩效评分。

第三类:给予合理的物质奖励。例如开发费用或者是各类奖品。

2. 把分享的过程变得简单容易。

有时专家们来贡献自己的经验,一看到冗长的时间、复杂的流程、超大额的工作量(例如需要写很多文档),就难免打退堂鼓,参与意愿大大降低。这个时候我们需要注意到如下几点:

• 尽量协调和业务不冲突的时间来组织经验萃取的活动。理解业务部门的工作节奏,知道哪些月份是冲业绩的,哪些月份是频繁进行市场活动和出差多的,又有哪些月份是内部屯兵休养生息的。不要和业务争夺最忙的时间。

• 提供简洁的模板和工具。例如,扔给他一张白纸让他写个案例,要远比给他 5～6 道问答题,请他回答以回忆出一个案例要难得多。因此,要让专家们多做"填空题",而不是问答题,减少整理过程中的难度。

　　我们曾经为一家大型连锁商超提供最佳实践萃取的工作坊,萃取商场品类经理的最佳品类管理经验。在前期调研的时候,发现这些品类经理们对各自所负责的行业都有着深厚的行业洞察和理解,于是我们决定在工作坊上萃取这部分内容。为了降低专家们的分享难度,我们事先访谈了一个品类经理,根据访谈结果,总结了每个行业必须要回答的 10 个问题,例如"这个行业里的主要厂商都有哪些,各自的市场份额与定位,以及他们对商场的诉求"等。我们还做了每个问题的回答样例。

　　在工作坊上,我们给每个专家发了这份问卷,随附了样例,请他们按照同样的格式回答,并争取做到和样例同样的详细程度和深度。

　　在模板及样例的指导下,几乎所有的专家都在 1 个小时内写完了自己的部分,我们还请他们互相交流、互相补充。就这样,拿到了十几个行业的详细分析,非常高效,专家们也很喜欢这样的过程。

• 把一些萃取后的文字、图片整理工作从专家的身上转移走。这部分是最耗费时间的内容,培训部门完全可以协助完成。例如 word 或者 PPT 等文档中的文字格式编辑、整理、美化,都不需要由专家来完成,把他们的时间用在萃取个人经验这个刀刃上。根据我们的项目经验,对萃取后文档的整理工作,由培训部门自己完成,或者外包出去,往往效果会更好,因为这样最大程度实现了"优势互补,合作共赢"这一目标。

总　结

在这一章里,主要的观点包括:

• 多与业务部门进行正式或者非正式的沟通,理解他们的业务与痛点,作为未来自己撬动业务部门,共同推进有价值项目的支点。

• 最佳实践萃取可以帮助我们提高解决"已知问题"的效率。创新类、变革类等尚缺少专家经验的项目不适合做最佳实践萃取。

• 要获得业务部门的支持,一定要让他们理解"最佳实践"到底是什么,以及为什么业务专家需要人力资源或者培训部门的协助。

• 专家们要获得充分的认可与鼓励,才能积极地参与项目。

• 尽量降低专家参与最佳实践萃取项目的工作难度。

第3章　描绘场景地图

　　明确了业务目标后,我们就要真正开始一个最佳实践萃取的项目了。在开始访谈和整理之前,还有一个重要的工作要完成:绘制一个场景地图。

　　这个步骤其实是要解决我们接下来要"访谈什么"、"整理什么"的问题。

　　A公司是一家IT公司,为企业用户提供服务器托管等基础服务。公司在很多地方建有大型的机房,很多公司会选择把自己的服务器等重要的IT硬件存放在他们的机房里,公司为他们提供各种安装、维护的业务。

　　在2015年底公司的年会上,大老板提出了要做服务转型的战略目标,即公司把过往围绕产品做研发、做管理的经营战略,逐步转变为围绕用户来进行运营的战略,公司的事业部也根据客户行业做了重新的划分。

　　作为这个公司的培训经理,晓杨今年的工作重点也要围绕这个战略的落地而展开,他开始与各个业务部门进行沟通,大家反映了很多在服务转型过程中的挑战。其中,针对一线员工有一个需求特别明显,就是工程师们为客户提供服务的技巧非常弱,客户的体验不好,业务部门的领导们期待培训部门能帮助解决这个问题。

晓杨当然可以从外面购买服务类的课程,但是他决定要实施一个最佳实践萃取的项目,理由有两个:

1. 他们公司并不是典型的服务行业,而是工程师基于专业技术为客户提供服务,并且服务的场景非常特殊,大部分时间并不直接面对客户,需要借助客服中心,间接地为客户提供服务与支持。他担心外面很多的服务类课程并不能完全针对自己公司的这些特殊场景。

2. 公司内部有很多客户服务专员(该公司有一个庞大的客服呼叫中心),这些人常年和自己的客户打交道,对客户的特点与服务方式非常清楚,他们身上的经验非常需要进行整理,并且可以转移至工程师的身上。换言之,这是在解决一个公司已知的问题。

做为这个服务经验萃取的项目,业务目标可以概括为:"**通过最佳实践萃取项目,提升一线 IT 工程师的服务技巧与沟通能力,进而提高客户满意度,增强客户的忠诚度。**"

晓杨发现虽然目标清晰了,但是"服务技巧"和"沟通能力"还只是一个大的方向,到底应该萃取哪些管理技巧点,还是不清晰的。

从现有的客服中心人员来看,有的人特别擅长安抚着急焦虑的客户,有的擅长与客户推进信任的人际关系,有的人特别会给客户写邮件,还有的人特别会识别前期沟通中隐藏的风险点,提前处理各种问题,避免危机的爆发等等。所以在访谈这些服务精英的时候,我们最好先绘制出一个清晰的地图,来解决下面两个问题:

- 哪些技巧点是需要梳理的——确保我们找到一个全面的清单。要确保所有和客户服务相关的技巧点都能被梳理到,不要被遗漏。

- 这些技巧点的关联性如何——确保未来萃取的结果是一个有机的、结构化的整理,而不是散乱的题目清单。了解这个关联性还有助于未来的实施,这些技巧在复制给IT工程师的时候,需要为他们推荐一个学习顺序,哪些要先看,哪些后看,哪些需要放在一起看等等。

结合过往的项目经验,我们认为应该从业务的目标出发,逐步推导出关键任务(关键行为),再把任务场景化,围绕这些场景化的技能点来萃取工作方法和技能,这样就能实现最佳实践萃取后得到"散而不乱"的结果。这个过程主要包括两个步骤:

1. 从**业务目标**推导出**关键任务**
2. 从**关键任务**推导出**业务场景**

第一步：从业务目标推导出关键任务

在前面提到的《将培训转化为商业结果——学习发展项目的 6D 法则》（中文版）一书中，第 39 页有一个从培训到业务收益的模型：

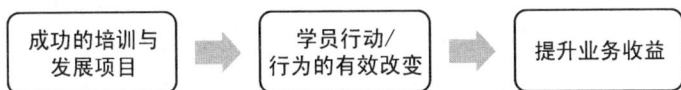

成功的培训与发展项目 ➡ 学员行动/行为的有效改变 ➡ 提升业务收益

它讲的是，一个好的培训与发展项目可以促成学员在工作上的行为改变，学员在完成销售、服务、管理等各项任务的时候，行为会更符合公司的期望，任务质量更高，这样就可以为企业带来业务收益的提升。

我非常认同这个小模型，它最有价值的地方就是把学习项目与业务收益之间用"学员行动/行为"进行了连接。加入"行为"这个桥梁，学习项目的价值就更加容易衡量。

如果把这个模型反过来，我觉得同样非常有价值。在组织里，如果我们先找到了业务需求，找到了业务的问题，也可以推导出来学员的哪些行动或者行为需要发生改变，进而基于这个要改变的行为来设计学习发展项目。

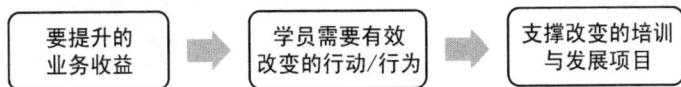

要提升的业务收益 ➡ 学员需要有效改变的行动/行为 ➡ 支撑改变的培训与发展项目

　　根据上述逻辑,在最佳实践萃取的项目里,我们需要从业务需求出发,找到"关键任务"。

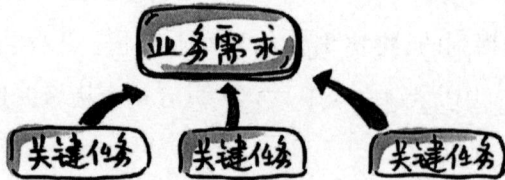

　　这里所讲的"关键任务"是指学员的关键工作任务,与《将培训转化为商业结果——学习发展项目的 6D 法则》书里提到的"学员需要改变的有效行动/行为"是一个意思。

　　我们回到晓杨的案例中,他的项目针对公司的 IT 工程师,目标是"提升一线工程师的服务技巧和沟通能力,进而提高客户的满意度,增强客户忠诚度"。从这个业务目标出发,公司要着重促使工程师们很好地完成如下两个工作任务:

• 为客户提供满意的日常性、常规性的服务

• 在客户发生抱怨和投诉的时候,为客户提供满意的服务

　　在推导关键工作任务的时候,需要注意如下的一些要点:

1. 找到的关键工作任务一定是和业务目标紧密关联的。

　　它是支持目标完成的关键性动作。在上面的案例中,IT 工程师们还有很大的一部分工作是在日常的机器维护(这个工作是内部工作,并不面对客户)以及产品研发迭代(这部分也和客

户没关系),这些任务都不需要放在本次项目中。

再分享一个小例子,我在为一家医药企业的客户进行萃取辅导的时候,一个课题组这样描述自己的业务问题:

公司 A 和 B 两个产品已在中国上市将近 20 年,随着各种新型药物的上市,大客户不断流失,市场份额不断下降。截至 9 月底,全国销售人员流失率达到 30.6%,预计 2017 年销售指标增长为 15%。目前各区域新代表较多,老代表普遍增长乏力,而且数据显示客户覆盖率及拜访率不足。

接着,课题组罗列了以下这些和解决上述业务问题相关的工作任务:

- 新代表拜访客户
- 市场部门对 A 和 B 产品的市场策略的推广与执行
- 地区经理及老代表维护大客户
- 地区经理辅导下属
- 各层级人员对二三线城市的覆盖

在这里,培训部门就应该和业务的负责人多进行沟通与确认,找到从哪个任务开始进行萃取对解决业务问题最有帮助。千万不要从自己擅长的、习惯的入手。例如这个课题组的老师以前在公司都是讲授管理技巧的,在他们的眼里,很有可能最需要做的就成了"地区经理辅导下属"这个任务,但是业务部门有可能会告诉我们"大客户的维护"这个任务目前做得最不好,如果这个任务能有效改善,代表们拜访大客户的技能提升,那么就会赢回失去的份额。我们要选择的重点任务一定要和业务部门进行确认。

在这里，还会有一个需要注意的地方，如果你学会了最佳实践萃取的方法，理论上来讲，你可以萃取任何一个主题的最佳实践，这项技术会让我们每位培训人员，尤其是培训老师走出自己擅长的区域，去探索另外的新领域。因此，当业务部门提出的问题，或者需要萃取经验的工作任务是自己从来没有做过、不熟悉的，那也没有问题，只是需要特别注意：我们要从需求出发来定位自己的解决方案，而不是从自身的优势出发去提供解决方案。

2. 工作任务一定是目标受众在工作中实际做的事情，而不是认知任务。

例如，我们不能把关键工作任务定义为"工程师们要熟悉和了解服务的原则和技巧"。这些内容确实是工程师们要知道的，但并非工作任务，而是为了更好地完成工作任务，需要掌握的知识、概念或者原理等，属于认知任务。

3. 工作任务的描述应该是动宾结构，且动词应该尽量地精准。

因为这个动词可能会影响最佳实践萃取的范围。我曾经协助某家服装企业萃取过门店销售人员的最佳实践，下面三种工作任务的描述中，动词使用不同，萃取的范围就不同：

• 根据顾客的特点，**挑选**最合适的单品或者组合衣服

- 根据顾客的特点,**推荐**最合适的单品或者组合衣服(不仅仅要挑选出来,还要向客户介绍,呈现商品的价值)
- 根据顾客的特点,成功**卖出**单品或者组合衣服(不仅仅要挑选、介绍、呈现价值,还要解决客户的异议,促成销售达成)

第二步:从关键任务推导出业务场景

在"关键任务"被找到以后,我们还需要进一步去识别围绕这个任务都有哪些业务场景。

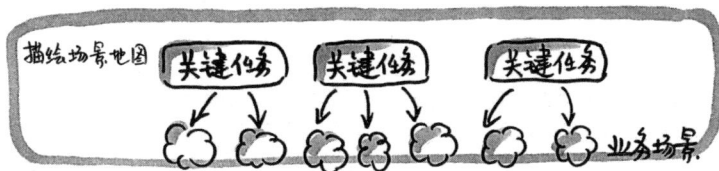

□ 什么是场景

"场景"这个词源于电影业,被互联网迅速带火。逻辑思维的联合创始人吴声先生出版的《场景化革命》一书非常经典,在开篇就提出:场景就是"特定的时间、特定的地点、特定的任务、特定的事件构成的一个画面"。就像一个电影突然定格成一张图片,你可以指出这个"场景"里人物是谁、在什么时间、什么地点、在和谁、在做什么事情。

一个任务的描述是抽象的,如果找到任务在实际工作中的场景,那么它就是具体的、是员工每天面临的活生生的工作内容。同样一个任务,不同的公司、不同的人员,所面临的场景是不一样的。

在2013年,我同时接到了两家客户的课程开发需求,要开发的课程主题都跟"影响他人"有关。客户希望我能针对他们企业的目标学员,萃取提炼出"影响他人"的工作经验,并开发成面授课程。

第一家企业是医药企业,目标学员是"医药代表"。通过访谈和分析,我们得出结论,对于医药代表来说,"影响他人"的业务场景是这个代表会持续拜访某一个医院的科室主任、医生、护士长等人员,他们需要能够通过自己的沟通、呈现、服务等各种手段,有效地改变这些人的处方理念和处方行为。

第二家企业是互联网企业,目标学员是"技术专家"。通过访谈和分析,我们得出结论,对于这些技术专家来讲,"影响他人"有两个业务场景。一是他们在公司里经常会成为一个虚拟项目团队的项目经理,需要他们能够在项目管理中有效地影响和驱动他人进行配合,激发团队成员的活力,更好完成工作。第二个场景是公司期待他们能够经常在各种公司内外的技术社区保持活跃,对某一个特定的技术领域人员具有一定的影响力。

从上述的举例,我们可以看出,关键工作任务还有可能是抽象的,但是到了业务场景就非常具体,而最佳实践一定是基于这些具体场景的。

□ 如何找到业务场景

找到业务场景的方法并不难,请专家多多描述一下日常工作的具体情况,场景就会浮现出来。

就像互联网的产品经理一样,他们会追踪用户的一天在做什么、在想什么,把用户使用自己产品的场景都识别清楚,以便让自己的产品功能更加用户导向,让用户使用得更加方便。

举例来说,我曾经访谈过一个手机输入法的产品经理,他会检测用户在启动自己的输入法时,是在哪个城市,在使用哪个手机软件,以此来决定给用户推送什么词库。假如这个用户在上海,并且正在使用某个导航软件,则上海的街道名称、主要建筑物名称都会被推送至他的输入法中,这样用户在使用的时候,就会发现自己想要的词组都有,感觉很棒;如果这个用户在云南,并且正在使用一个听音乐的软件,则歌曲、歌词、明星相关的词库就会被推送给她。

受这次访谈的启发,我在思考,也许我们也可以用一些维度来定义"关键工作任务",这样一些业务场景就会浮现出来,之后我们再和业务部门进行沟通,明确哪些是有意义的业务场景。通过这个过程,我们需要的场景地图就可以描绘出来了。

我使用的维度有三个："对象"、"渠道"和"活动"。

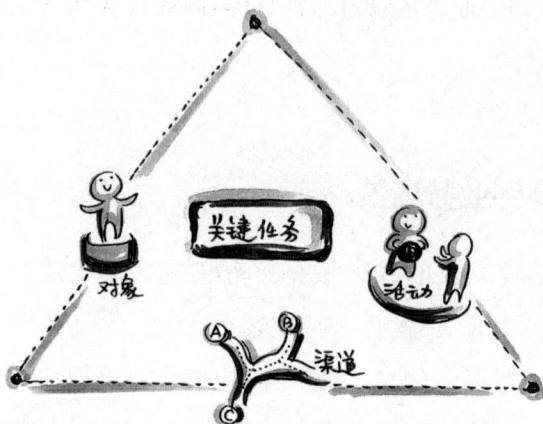

我们还拿晓杨的案例来说明。他找到的其中一条关键工作任务是"为客户提供满意的日常性、常规性的服务"。让我们来尝试一下用这三个维度来定义这个任务的场景都有哪些。

• 从"对象"维度来划分。对象指的是任务的对象。例如，一个管理者辅导下属的任务，"下属"就是这个任务作用的对象，我们可以按照下属的类别进行分类，把辅导任务找出不同的辅导场景；一个维修技师维修内燃机的故障，"内燃机"和"内燃机的故障"都是这个任务作用的对象，我们可以按照内燃机的不同型号，或者故障的不同类型来为这个任务找到不同的场景。

那么，针对晓杨的案例，任务的对象是"客户"。公司曾经根据客户的采购规模，给客户划分不同的类别，这个任务可能出现以下两个场景：

- 为公司的 **VIP 级客户**提供服务
- 为公司的**普通客户**提供服务

• **从"渠道"维度来划分**。渠道可以理解成这个任务发生的场所、地点和渠道。在晓杨的案例中,我们发现为客户提供服务这个任务,基本都有以下几种渠道:

- 在机房现场,面对面地为客户提供服务(有些特定的情况下,客户会来到机房现场,与技术人员直接面对面解决一些问题)

- 通过电话,为客户提供服务(大部分情况下,客户会直接拨打客服中心电话,提出疑问和服务的要求。客服中心会把这些技术问题转移到技术部门,由 IT 技术人员给出解决方案。很多情况下,IT 技术人员需要通过电话直接跟客户沟通方案,或者说明问题,得到客户同意后,再去执行解决的方案)

- 通过电子邮件,为客户提供服务(技术部门需要定期给客户发送一些更新的信息、技术报告等。对一些故障的解决方案和结果,有时也需要用电子邮件反馈给客户)

以上三个渠道,基本上概括了 IT 工程师为客户提供服务时的所有方式。

• **从"活动"维度来划分**。活动是任务的下一层级,完成这个任务主要包括哪些内容,要做的事情就是里面的活动。在上面"影响他人"的举例中,互联网的技术经理有两件事要做:内部影响他人,吸引人加入项目,完成项目的任务;外部影响他人,在行业内部通过活跃的表现来吸引他人，顺利推进各种合作。这两类活动就是"影响他人"从活动维度区分出的两个场景。

现在，让我们来看一下晓杨的案例，如果从活动的维度来区分，也就是到底这些技术人员都在为客户做什么服务，都包括哪些具体的、不同类别的活动。我们找到了如下四类活动，也就是四个场景：

• 在潜在客户参观时，提供介绍性的服务（销售会带着一些潜在客户来参观机房，需要技术人员出来陪同，给予专业的介绍。这个场景下的服务要高度体现 IT 技术工程师的专业性）

• 客户的服务器安装上线时的服务（客户一旦签约，就会把自己的服务器运送过来，机房的 IT 技术工程师要协助上架安装，这个时候很多客户的诉求是又快又好，但因为机房技术人员人手少、工作任务多等原因，容易与客户需求发生矛盾，导致客户服务满意度下降）

• 客户定期来机房检查自己的机器时，提供的协助服务。（有的客户会定期来检查，或者针对自己机器进行一些操作，机房 IT 技术工程师不需要全程陪同，但是服务技巧好的技术人员会时刻关注客户的行为，一旦客户有需要就会马上提供帮助，这点对客户的感受和体验非常重要）

• 客户的机器发生故障时，现场抢修服务。（客户的机器出现宕机或者其他问题的时候，他们会火速赶到现场，要求机房的 IT 技术工程师解决，这是最容易发生问题的环节。同样是在为客户解决问题，有的技术人员会收到表扬

信,可很多人收到的是投诉信。除了技术水平有差距外,服务的水平是最重要的原因)

□ 为什么要找到业务场景

在看了具体的例子后,现在我们回过头再来看一下,为什么要给任务找场景呢? 具体来讲,有两个理由:

1. 围绕场景的最佳实践技巧是具体的、丰富的、接地气的。

如果仅是围绕关键任务寻找最佳实践,访谈到的、整理出的内容还是比较偏通用,例如单纯围绕"为客户提供满意的日常性、常规性的服务"来找技巧,恐怕找到的还是倾听、同理等基本的技能。

但是一旦找准了具体的场景,我们一下子就能挖到很多非常具体的、接地气的工作思路和方法。例如,在上面的案例中,其中一个场景是"客户来定期检查自己的机器时,提供协助服务",我们就可以找到其中的一个专家,详细去询问客户在定期检查的时候,都有哪些诉求,最希望机房的 IT 技术工程师们提供什么信息;工程师们在提供协助服务的时候,都有什么注意事项、具体的话术可以是什么? 可以制造哪些惊喜,让客户有超出预期的感受? 这样萃取出来的经验,非常鲜活,"接地气"。

2. 围绕场景的最佳实践最容易被复制到岗位上。

场景都是目标受众每天在具体工作的时候做的事儿,他们很容易把所学习的内容和自己的工作实际做关联。

例如,一个 IT 技术工程师每个月都会有 2～3 次陪同客户检查的机会,每次与客户预约好后,他就可以回顾一下这个场景下的最佳实践,马上就可以在客户来的时候去使用。

❑ 识别场景的注意事项

在识别工作任务的具体场景这个问题上,以下几点是需要注意的:

1. 并不是所有的任务都一定要分场景,有的时候从一个关键工作任务出发去萃取经验也是可以的。例如,"一名管理者如何为员工提供改进型反馈"这种任务,就已经比较具体,也许不一定需要再细分场景。

可能你会提到,我可以根据任务的对象的维度来区分场景呀,比如员工分为"绩优型员工"、"动机不足型员工"等等。你说的或许是有道理的,一个最实用的检验办法是:根据你的思路先分好场景,然后看看每个场景下的工作方法是否有差别。如果你发现针对任何类型的员工,管理者给予反馈的技巧都差不多,那就说明这种场景区分的必要性就不大了。但是,如果你发现给不同类别员工做反馈的方法技巧差别很大,那就证明值得区分场景。

2. 本书提供的"对象"、"渠道"和"活动"这三个划分任务场景的维度,只是最为常见的三个,可以帮助大家解决大部分的问题。但是,这三个并不是划分场景全部的维度,具体如何划分,还要和业务专家们进行沟通,找到他们划分场景的方法。

例如,我曾经萃取过一家互联网企业"管理者如何做好离职挽留"的最佳实践。在最开始,我们认为可以按照"对象"这个维度,把场景划分为"挽留高绩效的员工"和"挽留普通员工"这两个维度。但后来在访谈中发现,业务部门的挽留技巧很大程度上和这个员工离职要去哪里有很大关系,去向不同,挽留的方法和话术就不同。于是我们把场景划分为"离职员工要去 BAT 等大公司"、"离职员工要加入创业公司"、"离职员工要去竞争对手公司"等几个维度来区分场景,总结出了特别多非常实用的技巧。因为这些场景和一线实际管理工作贴合得特别紧密,学员就觉得非常有用,获得了一线管理者的高度认可。

"对象"、"渠道"和"活动"这三个维度,是基于多个项目经验逐步形成的一个小模型。但是任何一个人才发展的项目设计都无法做到完全精准,上面三个维度更多的是参考,是根拐杖,在我们缺少头绪的时候,找到一个起点和支点。在具体拆分场景的时候,还要随着实际情况不断调整,尤其是要时时刻刻与业务专家们保持沟通,如果他们不理解、不认可,那就失去意义了。

3. 划分任务的场景,通常只选取一到两个维度,并不是一定要选取前面介绍的全部三个维度。至于选取哪一个,需要找到对业务有价值的维度、有难度的维度。

在上面的案例中，我们和业务部门一起沟通和确认了区分场景的这些维度，得到了如下反馈：

• 虽然公司的客户分为 VIP 和普通客户，但是从服务的角度来讲，针对这两类客户并没有不一样的流程，而且服务技巧上也没有本质的区别，公司同样重视对普通客户的服务。因此，这个维度的区分可以取消。

• 从"渠道"维度找出来的三个场景，需要去掉第一个"面对面服务"，因为后面以"活动"维度区分出来的场景都是面对面的，这两个部分有重叠。但是，通过电话和通过邮件这两个场景需要保留，而且要重点萃取电话服务技巧和邮件服务的技巧。

• 从"活动"维度找出来的四个场景，业务部门认为都需要保留，而且非常准确。

❑ 场景地图

在晓杨的案例中，针对"为客户提供满意的日常性、常规性的服务"这个任务，我们找到了 6 个场景。

针对另一个任务"在客户发生抱怨的时候，为客户提供满意的服务"，我们根据客户抱怨的常见类型，分成了 3 个不同的场景。

以上两个任务一共识别出 9 个场景，构成了这次最佳实践萃取项目的场景地图。

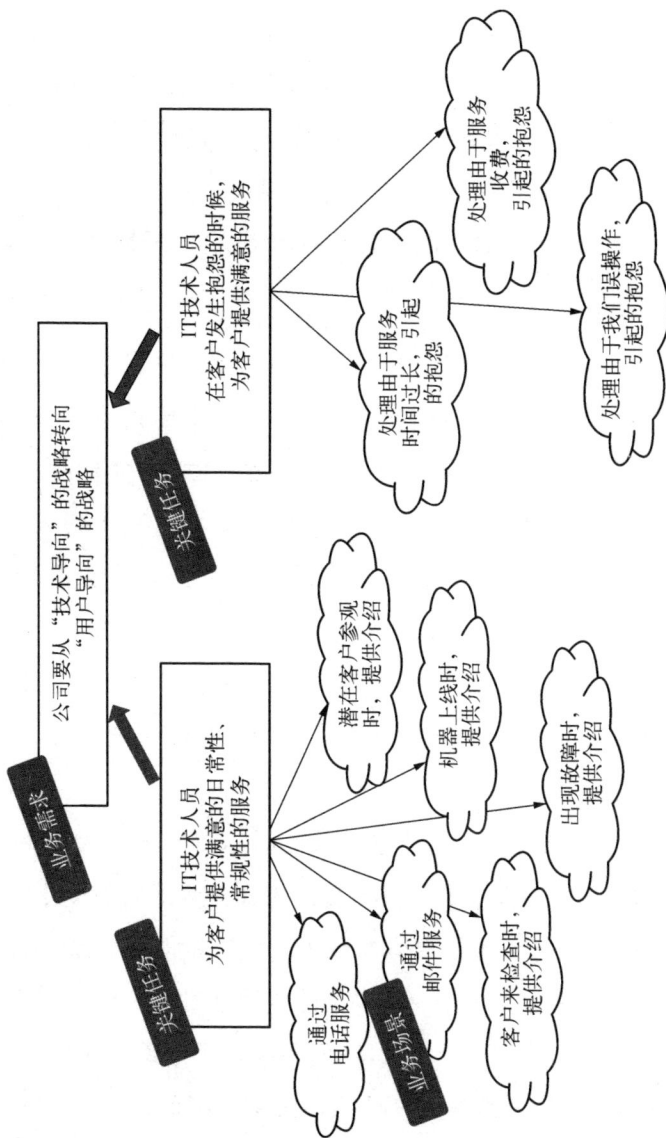

从上图中的 9 个场景出发,我们就要进入到最佳实践萃取的正式流程了。这些场景是从业务目标推导和识别出来的,因此我们有理由做这样的假设:只要萃取项目把这些场景下的工作方法、技巧整理出来,并进行有效复制,就能帮助达成"IT 工程师提供更好客户服务"这个业务结果。

后续的最佳经验萃取要紧密地围绕这些场景进行。具体来讲,场景地图对我们的指导意义有如下几项:

• 我们在寻找业务专家的时候,要按图索骥,找到那些有这些场景化经验的人。例如,在晓杨的案例中,他会找到客户服务中心的人来作为服务技巧的专家接受访谈,哪些人在处理哪几类客户抱怨时有过成功的经验,他们就应该是重点的访谈对象。而对于现场服务的几类场景,客服中心并没有直接的经验,则不应该成为专家,而要从 IT 技术人员群体内部去寻找,哪些人经常受到客户的表扬,服务技巧比较成熟的,他们就应该成为重点接受访谈的对象。

• 在访谈找到的业务专家时,要请他们分享自己的成功经验,这些经验一定要对标我们的目标场景。专家们在自己所负责的工作领域都做得很好,如果不明确访谈主题的界限,他们可能会泛泛而谈,虽然很重要,但并不是我们需要的。因此,在访谈专家时,我们要时刻对标场景地图,引导专家专注在我们想解决的问题上,分享他们的经验和做法。

• 访谈的最佳实践要涵盖全部的场景,不能遗漏。要达到这个目的,需要对萃取多少个专家、需要多长时间等问题,事前做好规划。

• 有些时候,场景地图中的各个业务场景有发生的顺序,后期在向学员推送这些学习资源时,就要遵循场景地图中显示的业务顺序。例如,在晓杨的案例中,如果你要把 9 个场景化的最佳实践设计成课程、微课、或者其他类型的学习资源让 IT 技术工程师学习的时候,最好先学习"日常服务"下的 6 个场景,再去学习"处理抱怨"时的 3 个场景。

当前,在学习资源开发领域里,微课始终是一个热点话题。我认为,在这方面场景化下的最佳实践是最适合做成微课内容的,运用上面介绍的规划场景地图的办法,可以很好地把企业内关键岗位上的业务场景微课题目规划出来。

总　结

• 萃取最佳实践的第一步是从业务需求推导出业务场景地图,作为萃取的规划路径。

• 识别场景要围绕关键工作任务,并且可以参考"对象"、"渠道"和"活动"这三个维度。

> ● 无论是任务的识别、还是场景的识别,都要和业务部门及业务专家进行沟通,请他们给予意见。
>
> ● 最佳实践的萃取是针对每个业务场景下的经验进行萃取。

第4章 萃取最佳实践

　　场景地图里的每一个场景，都是一个萃取最佳实践的目标。在接下来的这一章，我们会着重介绍如何从一个场景出发，去梳理这个场景下结构化的、可复制的隐形知识。

　　基于过往众多的项目经验，我们把萃取最佳实践的方法总结成 SPAS 的模型，它概括了萃取最佳实践的步骤与阶段。

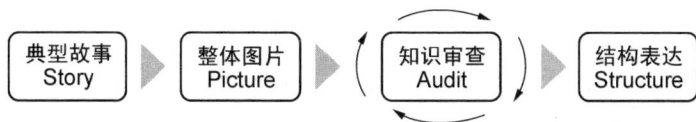

　　为了介绍这个模型，我先用一个案例给大家来说明一下。

　　2013 年，我主持了国内某家航空公司的课程开发项目，针对地面服务岗位，萃取服务危机管理的最佳实践，并要转化成针对地面一线管理者的课程。按照前面几章介绍的思路，我梳理出了几个关键的服务危机场景，其中一个是"**如何处理因飞机晚点，发生在登机口的群体冲突事件**"。这个业务场景在最近几年尤为突出，尤其当出现极端天气的时候，机场大面积延误，旅客情绪都非常激动，对登机口的人员造成了极大的工作压力。

在萃取这个场景的最佳实践时,客户的管理层一致推荐了一位张经理。这位张经理是个 50 岁出头的女士,在这家航空公司工作了将近 30 年。每当飞机出现大面积延误的时候,她都必须到航站楼做值班经理,处理过的各类群体事件不计其数。每次她处理完的事故,不仅能安抚住旅客,而且基本都不需要公司做额外的赔偿,甚至还有旅客在之后给她写感谢信。她是一个处理群体危机事件的专家,身上有很多好的经验、方法和技巧。

某航空公司地面服务部经理

我访谈了她两次,每次大概 1.5 个小时。接下来我就介绍一下当时如何运用 SPAS 模型来萃取这位专家的经验。

典型故事(Story)

萃取最佳实践的第一个环节是拿到典型的成功故事。围绕萃取的目标,通过各种方式,获得完成这个目标的一个完整的、成功的案例。

打个比方,如果萃取出来的最佳实践是金子的话,这个成功的故事就是一块矿石,那些智慧的思路、决策判断的思路都隐藏在这个矿石里。我们要先把石头找到,才能从里面萃取提炼出金子。

在访谈张经理的过程中,我先请她讲了一个给她印象最深刻的处理群体事件的整个过程。她想了想,给我讲了这样一个故事:

"有一次北京下大雪,所有的航班都延误了 8 个小时以上。其中一个航班是从北京飞往呼和浩特的,已经延误了整整 12 个小时,本来应该是上午十点飞,结果到了晚上十点还没有任何动静,那个时候整个机场已经乱成一锅粥,到处都是人。我们所有的地面服务人员每个人都忙得焦头烂额。晚上十点之后,机场除雪完毕,飞机开始陆陆续续地起飞,结果这个时候出了一个大问题。"

"这个航班的人都在原登机口等,结果有人突然发现另外一个也是从北京飞往呼和浩特的航班,原来预定的起飞时间是上午十一点,已经开始登机,准备起飞了,而他们这架航班,预定起飞的时间更早,却还没有任何登机的消息。于是,这个航班的乘客一天的怨气在这个时间点集中爆发,在几个人的带领下,大概有100多名乘客从登机口冲进了航空公司的头等舱和公务舱休息室,冲着里面的服务人员大发雷霆,宣称如果飞机还不走,他们就要在这个休息室里休息,并要求公司的值班经理立刻过来给他们解决起飞的问题。"

"那你当时是怎么处理的呢?"我问道。

"当时我听到这个消息后,立刻赶到头等舱休息室,里面的人已经在用很大的声音和服务员吵架,他们认为受到了不公平的待遇,而且有几个人已经出现了暴力倾向,在推搡我们的工作人员。其他在休息室里的客人也明显感到非常不悦。"

"我先走到那些正在闹事的人前面,拍着胸脯和他们说:'我是今天晚上的值班经理,有什么问题和我沟通,我一定帮大家来圆满解决。'我这句话刚说完,一下子就围上来好几个人。这个时候做值班经理的千万不能怕,一开始他们冲我喊,我先一句话也不说,就让他们跟我喊。等了一会

儿，我才说：'一个一个来，大家如果都喊的话，我不知道该听谁的！'我请一个人先说，他说完了，我再请另外一个人说，说什么我都先点头。大概有五六分钟的时间，那几个带头闹事的乘客，每个人都说完了。我听下来，无非就是说，'为什么本来在后面的航班先飞了，是不是有什么特权'；又有的说'我们等一天了，老人孩子都累得不行；机场人员服务态度不好等等'。"

"于是我和他们讲，问题要一个一个地解决，先把老人和孩子安顿一下。我让服务员去与头等舱休息室的候机旅客沟通了一下，请他们到一个相对安静的角落去休息，然后让这个误机航班的老人和孩子优先进入到被让出来的小空间里，给他们提供热水、准备些食物等等。而其他的误机乘客可以暂时先在外面的大厅休息一下。"

"然后呢？这些人就满意了吗？"我问道。

"当然没有！于是我安顿好老人和小孩儿后，又去着手解决乘客最关心的何时起飞问题。我跟乘客说，我先和机场飞行调度联系下！于是当着他们的面给机场调度室打了电话，调度室说一旦有消息马上会通知我，他们现在正在积极地协调与安排。"

"让大家看到我正努力解决他们航班的起飞时间问题，然后我再解决他们最关心的后续航班先飞的问题。我对那几个抓住这个问题不放的乘客，积极地进行解释。我说：影响飞机飞行有很多因素，机型不同、飞行员的资历不同都有可能导致有的飞机在某些场合下可以飞,另外一些飞机就不行。还有,不同航空公司对起飞的条件限制也不同,有些航空公司把乘客安全作为最最重要的一项标准,因此对起飞条件限制比较多,这也可能是个要素。最后还有一种可能是,飞行员是有工作时间限制的,超过一定时间待机,可能就不允许执机了,等等。"

"听了我的这些解释,乘客们似乎好了一些。我还拍着胸脯跟他们说,今天我一定会陪你们到底,飞机不飞,我会一直在这个 VIP 候机室里为大家服务。"

"后来,飞机当天还是没飞成,所有乘客被送到酒店休息,第二天才能飞。我就一直陪着这批乘客折腾到后半夜的四点多钟,直到把乘客们都送上了去酒店的巴士。当时有一些乘客不愿意去,我也就给他们安排在候机厅了。虽然后面也都很折腾,但是没再出现旅客吵闹、甚至暴力的事情,这个危机算是顺利地处理过去了。"

用于最佳实践萃取的故事

让我们先把上面的故事放在一边,来看看一个好的、可用于最佳实践萃取的故事应该具备哪几个特点:

1. 符合场景的要求。当你让一个专家去回忆自己的成功故事时,最好不要只是泛泛地说:"跟我讲一下过去你做过的成功故事吧。"专家们分享的经历不一定符合你设定的场景需要。因此要多加修饰语,让专家明白要分享一个什么样的故事。

例如,在上面的案例里,我当时就强调:"能不能给我分享一个发生在候机楼登机口的危机事件? 这个危机是由于航班延误引起的,而且最好是群体事件,不只是一个旅客在发火。你能回忆起这样的故事吗? 特别是给你印象十分深刻的案例,可以讲给我听。"

专家有可能一下子回忆不起来,她可能会说:"这种事情太多了,一时间我真还想不起来哪个合适。"没关系,可以请他放松,告诉她:"没事,不着急,慢慢想,其实有一次我在自己出去玩的时候,就碰到过一次航班延误……"这时其实你是在抛砖引玉,说一些自己的感受。此外,你还以问她:"假如今天北京就有大雾,机场上各个登机口都挤满了旅客,有的登机口好像已经吵起来了,几个人围在一起,你会怎么办呢?"这时,你是在慢慢地跟她聊一些相似的话题,也是要引发受访者头脑中类似的回忆。总之,我们要耐心地给受访的专家一些回忆的时间,通常 5 分钟后,大部分专家都能准确地定位出你想要的故事。

2. 典型性。我们找到的成功故事最好是在真实的工作中会常常出现的,而不只是很偶然地发生一次。

例如,有一次我在访问一个连锁店店长门店经营有关问题的时候,他给我分享一个把一家门店从小做到大的故事。不过,他在分享的时候,会时不时地说一句话:"这个店很特殊,地处繁华地段,而且周边还没有什么竞争对手,其他的店可不是这样。"这句话大概在访谈中出现了两三次。这时,我就会问他一个问题:"我们公司的门店大多数都具有什么特征?尤其在地理环境上?"他告诉我,大多数门店也都选在不错的地段,但是几乎每一个地方都有非常强大的、非常多的竞争对手,因此不同门店经营的打法很不一样。后来我就请他再给我回忆一个"典型"店铺的运营过程,因为这个特殊门店萃取出来的经营方法很有可能对其他店是不适用的。

3. 挑战性。确保你找的故事是有挑战的,解决过程最好一波三折,而不是一帆风顺、没碰到任何问题就顺利解决的。如果专家分享的故事中,问题或挑战很容易就能解决,这意味着专家们很多隐性的经验还没有很好地被调用,通过这种故事的分享,我们很难挖到什么好的方法。

例如,有一次我辅导一位医药行业的老师开发"谈判"的最佳实践。在请专家分享故事的时候,就会说能不能找到一个谈判对手也非常有经验、谈判过程非常激烈、费了不少力气才谈判成功的案例。越是这种有挑战的情境,越能激发专家的经验和智慧。

除此之外,还要注意有的故事挑战性是比较大,但是解决过程调动的不是专家的隐形经验,而是一些不可复制的"资源",那么这个故事也没什么萃取的意义。例如,一个销售拿下了一个大客户,运用的不是什么销售技巧,而是因为自己和这个大客户有很深的人脉,那么这样的故事就不合适,因为人脉资源是不可复制的。如果这个销售在销售前也不认识这个客户,但是在销售过程中逐步建立了深厚的个人关系,那么我们可以萃取他如何与客户建立良好的个人关系的技巧。

在访谈成功的故事这个部分,我还会使用一个问题,通常也比较有效:"能不能分享一个故事或者案例,这个案例的解决过程几乎是一个新手不太可能驾驭的,必须得专家们出马才能解决的。"符合这个标准的故事通常是一个非常合格的好故事。

萃取故事的工具

请专家们回忆一段时间以前发生的故事,可能并没有那么容易,即使回忆起来,他们也会忽略很多细节,失去原本经历的丰富多彩。

在实际的访谈中,我有的时候会使用"故事曲线"这个工具,来帮助专家们回忆故事,效果非常好。

"故事曲线"工具是我基于引导技术中一个叫做"时间轴"的工具发展而来的。很多引导师会让参加研讨的人在白纸上画一条斜线,一头是起点,故事开始的时间;另外一头是终点,故事结束的时间。针对任何一段经历,在线条上先画出这个经历发展的关键节点,然后在每个节点的下方写上主要的故事内容,一个时间轴就完成了。

我们想要的故事不仅仅需要过程,还需要背景的介绍等等。因此我把它变成一段可以反映故事历程的曲线,并标注了四个关键的组成部分,就变成了下面这个曲线的样子:

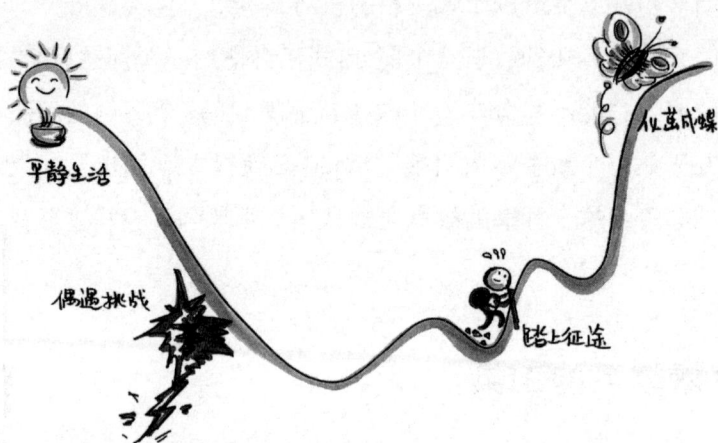

这四个关键组成部分可以确保专家分享的是完整的、深入的故事。

- **平静生活**。在这个部分,请专家回忆一下故事发生时的基本背景情况:时间、情境、公司的基本情况、团队的基本情况、参与人员、这些人都有什么特征等。
- **偶遇挑战**。在这个部分,描述当时出现了什么问题。比如,一个重要的客户出现了?一个项目受到了挑战?团队里来了一个个性非常强的专家?或者被分配了一个棘手的门店?如此等等。在描述问题的时候,也要描述一下目标是什么,怎么样才算是很好地解决了这个问题呢? 在现阶段都有哪些资源,又有哪些障碍和挑战呢?

· **踏上征途**。这个部分是重点,描述专家是如何一步步地解决问题的。我们可以请专家按照时间的顺序一点点回忆,也可以多对细节进行追问,让专家回忆得更加详细。

· **化茧成蝶**。最后这个部分是个总结,请专家分享一下回忆完整个故事后,都有哪些感受,针对这类问题都有哪些心得和体会,如果再重新经历一次,他们会如何更好地去解决。这些问题的分享对后续开始分析专家的经验会很有启发。

下面,我们就把张经理分享的故事按照曲线的要求写出一个样例。因为篇幅所限,解决的过程并没有全部都写完,真正的故事在这个环节会更长,需要一直写到问题解决完毕为止。

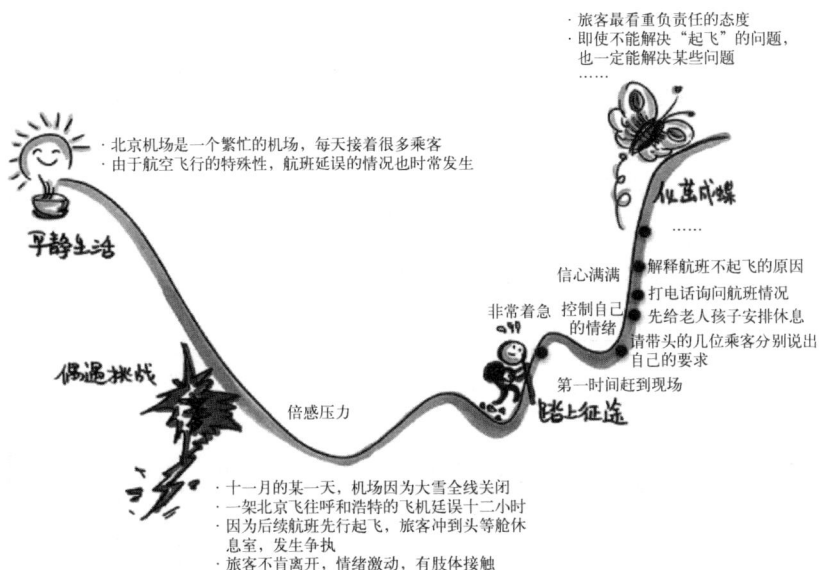

· 旅客最看重负责任的态度
· 即使不能解决"起飞"的问题,
  也一定能解决某些问题
  ……

· 北京机场是一个繁忙的机场,每天接着很多乘客
· 由于航空飞行的特殊性,航班延误的情况也时常发生

平静生活

化茧成蝶
  ……

遭遇挑战

信心满满   解释航班不起飞的原因

非常着急   打电话询问航班情况
    控制自己   先给老人孩子安排休息
倍感压力   的情绪   请带头的几位乘客分别说出
            自己的要求
        踏上征途   第一时间赶到现场

· 十一月的某一天,机场因为大雪全线关闭
· 一架北京飞往呼和浩特的飞机延误十二小时
· 因为后续航班先行起飞,旅客冲到头等舱休
  息室,发生争执
· 旅客不肯离开,情绪激动,有肢体接触

为什么"故事曲线"是一个有效的回忆典型故事的工具呢？

- 第一，故事发展线条被清晰地罗列出来，有助于人们按照时间线索慢慢回忆，不会错过关键的阶段与节点。事实证明，在这种形式下，专家回忆的故事基本是完整的、有结构的。
- 第二，在轴的另外一侧加入情绪描述，有助于专家回忆起更多的细节，因为人们往往更容易记住让他们情绪起伏较大的事情。

在请专家画完一个时间轴后，就可以请她（他）按照轴上所记载的内容，来一点点地讲给你听。在她（他）回忆的过程中，你可以增加一些询问细节的问题，让他们说得更加详细。这些问题可以包括：

- 这个环节听起来挺有意思，能再多给我讲讲吗？
- 如果你感到很沮丧，那么你的同伴呢？你的对手呢？
- 当时这个决定是一下子就做出来的吗？还是有反复、有犹豫？

类似的问题你还可以问很多。

请专家回忆完毕一个成功的故事后，我们就可以进入到下一个阶段了。

如果你感兴趣，下次去咖啡厅的时候，可以在纸上为自己画这样一条曲线，回忆自己的某个成功的故事、某段成功的经历，之后把线条上的每一条记录都变成一段详细的话，这样一个好的案例就产生了。

整体图片（Picture）

在请专家把典型的故事回忆完毕后，我们的下一个步骤就是在这个故事里，梳理出专家解决问题的基本框架，具体包括哪些主要的阶段和步骤，这就是我们所指的"整体图片"。

一个专家和一个新手的关键区别，就在于专家在用整体的、全面的角度来看待一个问题，而新手只看到眼前或者片段。

从前面列举的张经理的例子中，我们可以发现，张经理在听到旅客在闹事，走进 VIP 候机厅的那一刻，就已经基本有了接下来处理问题的思路（把主要挑战的旅客与其他跟随的旅客分离开来，要为旅客做一些努力以安抚情绪，需要一直陪伴这些旅客，等等），虽然她也在询问旅客的需求，但是后续解决这个问题的基本方向已经确定。

与之相对比的是，在张经理出现前，VIP 候机厅服务的地面人员当时的感受是不知道该怎么办。按照公司的规定，这些普通舱的旅客是不能进入 VIP 候机厅的。作为 VIP 候机厅的工作人员，他们更多的是站在"候机厅"的角度来思考问题，想把这些不速之客赶紧撵走，而不会站在"航空公司"这个更加大的角度考虑到底哪件事是优先的。

　　VIP 候机厅的服务人员不知道怎么请有情绪的误机普通旅客离开。对于这些旅客提出的各种要求，他们不知道该先满足哪一个，对于不能满足的要求（例如为什么飞机还不飞），也不知道该怎样和乘客沟通，所以当时就处在非常被动的局面。

　　"绘制整体图片"的过程也是对专家解决问题的过程进行**"工作任务分析"**，把故事中专家解决问题的步骤梳理出来。

　　在听了张经理分享的故事后，针对她解决一个因航班延误而导致的群体事件，我基本明确了下面几个关键步骤：

树立权威 ➡ 倾听需求 ➡ 解决问题 ➡ 显示负责

　　第一步：**树立权威**。张经理进入候机厅后做的第一件事情就是大声宣布："我是今天的值班经理，我来负责帮助大家解决问题。"这是她的第一个动作。

　　第二步：**倾听需求**。之后她做的工作是保持沉默，先请有诉求的人把自己的要求说清楚。

　　第三步：**解决问题**。张经理认为，地服人员没有办法解决让飞机马上就起飞的问题，但是有很多其他可以解决的问题，例如打电话给调度中心询问进展、给误机乘客中的老人和孩子提供休息的便利等等。她做了好几个动作，来解决这些可以解决的问题。

　　第四步：**显示负责**。张经理主动提出要负责到底，一直和旅客待在一起，等待事情解决完毕。

　　我把这四个识别的关键步骤总结给张经理，请她来判断这四个步骤是不是关键节点,是否还有需要补充的步骤等。张经理对这四个步骤表示认可和同意,"绘制整体图片"这个环节就完成了。

如果仅仅看我上面的描述,你可能会觉得这个环节也很简单呀。但是真正做起来的时候,这个部分非常考验萃取者的抽象能力和逻辑思维能力。很多访谈者难就难在故事听完了,总结不出一个成形的框架,尤其是一些步骤可能是抽象的(例如显示权威)。如果整体框架描述得好,会特别精准地把关键的步骤和技能识别出来。

需要特别强调的是,绘制整体图片的过程也是一个主观的过程,不同的人对同一个故事的分析不见得有完全一致的答案,这并没有什么不对。最佳实践萃取是一个人对另一个人的经验进行主观加工的过程,必然也会带着萃取者的个人印记,这不影响反映出专家最闪光的隐性知识,也不影响把这个经验传递给其他的员工。

下面让我们详细看一下在这个环节使用的技术:工作任务分析。

工作任务分析

如前所示,绘制整体图片这个步骤的本质是对专家解决问题的方法进行"工作任务分析"。

"工作任务分析"是指分析一项工作是如何完成的,包括具体的步骤描述、每一步骤的时长、发生的频率、步骤的复杂度、甚至包括完成每个步骤实施的环境等等。工作任务分析的结果可以用于人才选拔、培训、工作流程设计、自动化设计等等,是一项非常专业的技术。

在最佳实践萃取这项工作中,我们并不需要用到非常复杂的工作任务分析技术,基本上能把任务分成合理的工作步骤就达到目的了。就像上面举的例子,我能从张经理解决一个典型问题的过程中识别出四个关键的步骤就可以了。

在做"工作任务分析"、识别整体图片的时候,有如下的注意事项:

1. 我们不仅要分析完成任务的动作(manual task),还要分析完成任务的认知的步骤(cognitive task)。

完成任务的步骤,有些是可以用眼睛观察到的,例如我们要分析一个人冲泡一杯美式咖啡的"整体图片",可以比较容易地把他冲泡的过程描述成步骤,因为他的动作就在我们的眼前展现出来,这些步骤都是基于动作的。但是,在我们的组织里,更多的任务完成是基于认知的。例如,一个管理者要规划自己的业务,他并没有明显的动作,但是在头脑里不断地收集信息、进行分析、做选择、做决策,这些"思考的步骤"是分析的重点,一定要梳理出来。

2. 分析工作任务的时候，从经验上来讲，分析出的步骤最好不要多于七个，而且分析出的步骤要在颗粒度上比较均衡。

例如，在淘宝上购买一个苹果手机，如果分析成这样：

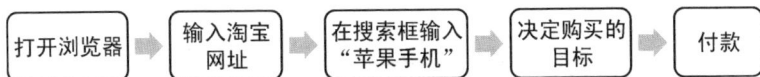

打开浏览器 ➡ 输入淘宝网址 ➡ 在搜索框输入"苹果手机" ➡ 决定购买的目标 ➡ 付款

你就会发现前面三个步骤都很小，而后面的两个步骤其实里面又会包括很多小步骤，这几个步骤就在颗粒度上不合适。我们可以按下面这种方式，重新划分步骤：

登录淘宝网 ➡ 搜索"苹果手机" ➡ 选择店铺 ➡ 选择型号 ➡ 选择配置与附件 ➡ 付款

这样显得更加合理一些。

再举一个真实的例子。王亮在一家电商公司工作，职务是招商经理。他每天的工作就是和各个品牌商家谈判，请他们能在自己的电商平台上开店。他在分享了自己的一个招商故事后，把"招入一个新商家"这个任务的"整体图片"概括成下面这个样子：

建立沟通 ➡ 收集商家行业资料 ➡ 筛选品牌/商家 ➡ 联系商家拜访考察 ➡ 谈判 ➡ 达成合作

上面的这些步骤描述都不是很精准，还有两个明显层次不清的问题。一是"建立沟通"这个环节，他指的是平时就要和自己的各个客户都要保持沟通，因为他们很有可能给自己提供一些有用的信息。我认为这不是"招入一个新商家"的任务，这是

83

他平时要一直做的一项工作而已。另外一个是"达成合作",这其实是"谈判"这个步骤的结果,也不是一个独立的步骤。

因此,我们两个一起讨论,把"整体图片"改成了下面的样式,看起来就清楚多了:

分析行业信息 ➡ 筛选意向商家 ➡ 考察意向商家 ➡ 谈判合作条件 ➡ 签订合约

3. 一些通用任务的分析,可以借助一些成熟的模型来进行。

通用任务指的是不同行业、不同岗位可能都通用的课题,例如"如何更好地执行工作,以便达成目标"、"如何进行跨部门的沟通"、"如何推进与客户的人际关系"等,这些话题就属于偏通用的课题;而"如何找到内燃机的故障"、"如何为初三学生设计有针对性的补课表"等话题,则属于偏专业的课题。

对于要萃取通用任务最佳实践的专家来说,一个"坏"消息是通用任务的分析往往比较难,一个"好"消息是已经有很多书籍在讨论这些通用任务该如何完成了。很多经典的管理理论,本质上都是在做一个通用任务的任务分析,所以我们可以参考一些现有的模型,来支撑我们找到"整体图片"。就像在第一章里,我提到平时多看一些管理类的书籍对于萃取通用类的最佳实践非常有帮助。

我曾经提炼过某家教育机构的一线门店店长的最佳实践,店长在很大程度上是要带领3~5人的小团队完成一定的收入指标。为此,店长能否很好地执行上级的战略和打法就非常关键。

针对这个通用的话题,我参考了美国富兰克林柯维公司全球执行领袖克里斯·麦克切斯尼(Chris McChesney)等所写《高效能人士的执行 4 原则》一书的框架,在这本书里介绍的四个要素是:

描述结果指标 ➡ 拆解过程指标 ➡ 设定具有影响力的积分牌 ➡ 激发负责任的沟通

在访谈的过程中,我发现这四个步骤对店长来讲非常适用,用这个方法来概括优秀店长的实践十分恰当。普通的店长所面临的挑战就是每天被大量的日常工作所淹没,无论上级来了什么指令,都忙着去执行,眉毛胡子一把抓,而不会挑出重点。这样的后果是,店长每天都忙忙碌碌很辛苦,业务的结果却没有想象那么好。而优秀的店长会把 2~3 条任务作为自己的核心重点目标,他们心里总是有这样的声音:"我只要把这件事做好,这个店就没问题了。"

因此在这次经验萃取的过程中,我以上面描述的四要素作为"整体图片",重点萃取了一个店长该如何描述自己的结果目标,如何找到过程指标,以及如何在管理店面的小团队时,让团队始终知道自己的结果,如何召开有效的周例会来给下属反馈等。

知识审查(Audit)

找到了完成某项任务的"整体图片"之后,我们就要围绕这个图片里的每个步骤进行知识审查了。

　　所谓"知识审查",就是对专家工作"整体图片"里的每个步骤进行深度挖掘,把专家的思考点、洞察、经验、心得尽可能多地问出来、总结出来。在这个环节,每个萃取师需要灵活运用下面的问题清单,进行深度萃取。常用的提问逻辑和问题如下:

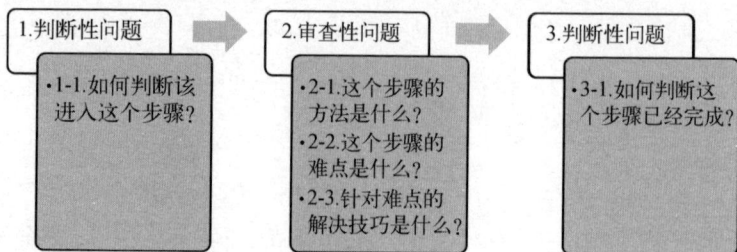

1.判断性问题	2.审查性问题	3.判断性问题
•1-1.如何判断该进入这个步骤?	•2-1.这个步骤的方法是什么? •2-2.这个步骤的难点是什么? •2-3.针对难点的解决技巧是什么?	•3-1.如何判断这个步骤已经完成?

　　判断性问题是围绕这个步骤的入口和出口进行分析,审查性问题是围绕这个步骤的具体工作方法进行分析。

　　接下来,让我们从上面张经理解决一个群体事件危机的"整体图片"中,挑选其中的第二个步骤"倾听需求"来做详细的解释,进行知识审查的步骤。

1-1. 你如何判断进入这个步骤?

　　在开始就一个步骤进行访谈的时候,我们要注意挖掘技巧的适用性。很多时候,这些技巧的适用是有一定条件的,这个问题就是围绕这些条件展开的。

　　现在,我要开始就"倾听需求"这个环节进行审查了。我先问了下面这个判断性问题。

我："张经理,根据刚才咱们整理的结果,在显示权威后,你就要倾听旅客们的需求了。我想先问一下,'倾听需求'这个动作是在所有的情况下都要使用的吗?有没有什么时候采用'倾听'这个动作反而不太合适?"(我的目的是要检查这个动作的适用情境。)

张经理:"绝大部分时候倾听都是必要的,除非有很特殊的情况。例如,有老人晕倒了,或者暴力动作已经比较严重了,那我们就要优先处理这些问题,先送老人去医务室,或者先请保安协助把实施暴力的人分开。但是做这些动作的时候,我也通常会跟其他人说,让我先把这些事处理完,然后马上过来了解你们的问题。"

所以,在我的记录纸上就写下了这些例外的情况。

2-1. 这个步骤的工作方法是什么?

接下来,我就可以进入审查的环节了,最基本的问题就是请专家分享具体的工作方法是什么。

我:"好,假如现在没有出现刚才您提到的那些特殊情况,没人晕倒、也没人动手打架,那时你会开始倾听旅客的需求,你能告诉我具体都是怎么做的吗?"

张经理:"我通常会站在人群里先招呼大家,都谁有问题要跟我说?凡是有问题要向我反映的,请站到这里来!接着我会跟聚过来的这些人说,你们都有什么问题,请一个一个地说,一起说我没法听清楚。"

　　我会把她的方法如实地记录下来。在倾听专家分享工作方法的时候,萃取师可以多问,对于没听明白的部分,要把自己的困惑直接提出来。例如,我当时就问:"哦,如果想说的人非常多怎么办? 一个一个地听会不会时间太长?"张经理告诉我:"不会的,以我的经验,一般每个航班就有 3～5 个人左右像是意见领袖一样,闹事也是他们先闹,大部分旅客都是跟风状态。所以一般来讲,要说的也就那么几个人,其他人看有人说,就都退到后面观望去了。我让少数这几个人过来诉说要求,就能迅速地让一大堆人安静下来。"

　　张经理的回答给了我启发,我会更加深入地挖掘她的做法:"哦,所以您在那里会一下子识别出谁意见领袖,是吗? 他们一般具备什么特点?"张经理说:"这些人一下子就能看出来(注意:这就是专家的隐形经验,她们处理问题多,很多经验已经成了直觉!)通常 30～45 岁,一般会有两大类。一类是理智型的,比较讲道理,就是想了解为什么不起飞以及接下来要怎么处理,只要能专业地给予解释,他们就会理解。这种类型的旅客最讨厌服务人员推卸责任或者含糊其辞、一问三不知。还有一类是比较难缠的,他们就是觉得自己有道理,不太会理解别人,而且态度蛮横、嗓门粗大,非要补偿才可以。对于这类旅客,我们要充分地给他们面子。如果一个经理在很多人面前跟他们说道歉,多多认可他们、夸夸他们,这类旅客还是很容易买账的。"

　　我:"嗯嗯,非常有意思。看来您的经验真的很丰富(我们也要适时认可专家),您刚才提到的认可,我觉得非常关键,您能给我举几个小例子吗？比如,怎么去认可这些人的……"

对张经理访谈的更多具体内容我就不再赘述。从这个例子中,我想强调的是知识审查这个环节的重点就是详细地问、充分地理解专家所谈,从专家的回答里积极地发现更多可以问的问题,特别是通过提问把专家头脑中的隐性知识挖掘出来,这些是十分有价值的。

2－2. 这个步骤的难点是什么？

我:"好,那现在让我们假设一下:一个经验尚浅的地面服务经理也去处理这个情况,您觉得她在倾听这个环节都可能犯什么错误？做好这个步骤的关键点是在什么地方？"

张经理:"有些服务经理没有听的意识,上来就说飞机飞不飞,我们地服也没法控制啊,旅客听了这个话就更生气了。其实旅客心里大概也都知道地服部门确实没办法,但是他们需要一个倾泄不满的出口,那我们就让他们去说、去倾泻不满。有很多时候,旅客说完了,我们认可了,他们也就不生气了。而且听旅客表达诉求的时候,也不要听完一个人的之后马上就解释,要全部听完,一个一个地听,这样旅客才会觉得这个服务经理很有经验、很有底气,会对你产生信任。"

所以,针对张经理的这段回答,我总结了两个常犯的错误:

1. 没有听的意识。这个部分更多是一个态度和认知的问题,我不会再追问下去,因为最佳实践更多是围绕工作方法和技能的。（这一点是初做最佳实践萃取的朋友要多加注意的。一方面,我们自己不要掉进这个"坑",不主动去问"为什么没有听的意识"、"怎么样才能有意识"这类问题。另一方面,我们要引导好专家的谈话方向。我们在以往访谈的经历中,发现有些专家经常倾向于把一些问题的难点或症结归结于做的人"态度有问题",然后讲很多这方面的想法。——这些问题当然很重要,也许的确现实存在,但最佳实践萃取这个技术要解决的,重点在于工作方法和技能。所以,在倾听专家分享时,要注意引导到我们想要的方向上去。)

2. 听的时候,急于回答,没能很好地把握听的节奏。

2-3. 针对难点的解决技巧是什么?

我:"刚才您提到很多经验不足的服务经理不太会把握最佳的听的节奏,那您觉得要把握好节奏,都有哪些技巧?"

张经理:"就像我刚才说的,先不说任何自己的想法,先把有意见的人、想说的人识别一下,让想说的旅客都先过来,带他们到一个相对安静的角落,让那个意见最大的、火气最大的先说,然后一个人说完之后,不急于回答,只告诉他说'我知道了,我了解了,我再听听看还有什么其他的意见,然后再一起回答'。之后再问下一个,直到所有人都说完。"

"等大家都说完后,我会总结一下:听起来大家刚才一共提了三大方面的意见,一是老人孩子都很累,这个我非常理解,大家都带老人出来玩的,想孝顺父母的,结果让他们受累了;第二

个是飞机飞的时间还不定,大家都着急,说实话,我也着急,而且
比你们还急,这一飞机场的旅客都延误,都得需要我们照顾;最
后一个就是为什么时间排在后面的航班却先飞了,大家都觉得
不公平,这个我也理解。"

"除了这些之外没有了吧,我来给大家一个个地解决。"

听完张经理的这些话,我会从里面总结很多条技巧,而正是
针对难点的解决技巧才是真正的、最有价值的最佳实践,是专家
和企业多年积累下来的宝贵经验。

如果张经理从这里继续再往下讲述,就进入到下一个步骤
"解决问题"的技巧了。

3-1. 如何判断这个步骤已经完成?

我:"当出现哪些迹象的时候,证明我们'倾听'这个步骤已
经完成了?"

张经理:"旅客的情绪平复是一个表象,一般旅客如果想把
自己说的话、自己的抱怨都说完了,情绪就不会太激动了。旅客
在气头上,虽然说的可能都是重复的,或者没有什么意义的话,
但我们还是要倾听,这样就行了。"

知识审查中的"魔法问题"

上面我介绍了"知识审查"阶段最常见的问题。在"知识审

查"这个环节,最重要的是访谈者要随机应变,能够根据受访者的回答,从"具体"的经验中抽离出"抽象"式的问题,来引导专家分享更多。这种"抽象"式问题,我把它称作"魔法问题"。

让我们来举个例子说明。

当我问张经理在倾听的环节都有什么方法时,她的回答是这样的:"我通常会站在人群里先招呼大家,都谁有问题要跟我说,凡是有问题要向我反映的,请站到这里来。然后我就会跟这些人说,你们都有什么问题,请一个一个地说,一起说我没法听清楚。每个人说的时候,我会记在纸上。"

在这里,作为访谈者,要准确地注意到一些细节。例如:张经理谈到要"记在纸上",我就会问她:"您为什么要记在纸上?"张经理说:"因为这样显得非常尊重旅客,让他知道他说的每一句话我有认真在听。"

嗯,这就是一个可以"**从具体的问题上升到抽象问题**"的时机,引导专家从细节上升到更深的思考,我借着这一点,就问了她一个魔法问题:

　　"看来在倾听的时候,您会有很多技巧来让旅客觉得您在认真倾听。那么除了记录外,还有哪些技巧可以让旅客有被认真对待的感觉呢?"

　　张经理说:"这就很多了。比如,你的眼睛一定要看着对方的眼睛、你的身体可以稍微向前倾斜,尤其是现场很多人,你可以把耳朵凑过去、听的时候要点头。我就看到过有的服务人员,听的时候身体向后,明显给旅客一种不耐烦的感觉。"

　　从上面这样一问一答,我们可以发现,一旦问题问得准确,专家就可以从故事里抽身,给我们总结出很多有用的规律出来。

　　以上是我围绕"倾听需求"这个步骤进行的深度挖掘。对于"整体图片"中的其他步骤,例如"显示权威"、"解决问题"、"显示负责"等,我都同样进行了这个挖掘的过程。

结构表达(**Structure**)

　　结构表达是围绕步骤做经验萃取的最后一个环节,这个环节不是在与专家进行访谈时完成的,而是访谈之后所进行的整理。

　　在整理的过程中,我们要始终牢记:整理的目的是为了更好的传播,整理的结果要清晰、明了、容易记忆、容易理解。出于这些目的,我们可以找到几条有效的技巧:

1. 呈现的信息要有逻辑。

在知识审查的时候,专家从各个方面分享了很多技巧,如果把这些技巧都简单地堆在一起,千头万绪,恐怕会让阅读的人觉得很乱。

我一般会遵循如下的逻辑,分三个部分来记录一个场景下的最佳实践:

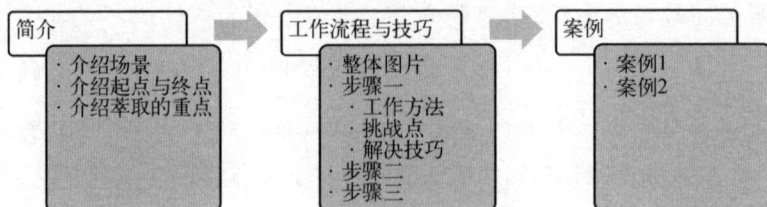

第一个部分简介。简要地说明所记录的技巧是哪个任务、哪个场景下的,这个任务的起点是哪里、终点是哪里、难点与挑战在哪里。

第二个部分是工作流程与技巧。这部分是主体,先介绍一下工作流程是什么样的(也就是访谈中识别的整体图片),然后对每个步骤进行详细描述,说明这个步骤的工作方法是什么,里面识别的挑战点有哪些,以及围绕每个挑战点应该如何应对(这部分来源于访谈中的知识审查部分)。

第三个部分是案例。在访谈的过程中,我们会听到很多故事,其中有完整的、也有在追问的过程中专家举的小例子,这些都要记录下来,以帮助别人去理解。

2. 利用"图形"让信息更加容易被人理解。

在具体的技巧描述中,如果全都是文字,那么人在阅读的时候脑负担会比较重,如果加入图形,读的人就非常容易理解。为你从专家身上提炼的技巧设计一个模型,是非常有趣的过程。

例如,在张经理的这个案例里,理解了她的故事原理后,我设计了如下的小图,来向其他地面服务经理说明未来再处理类似"因为飞机延误导致登机口出现群体事件"情况时,大家可以借鉴的方法:

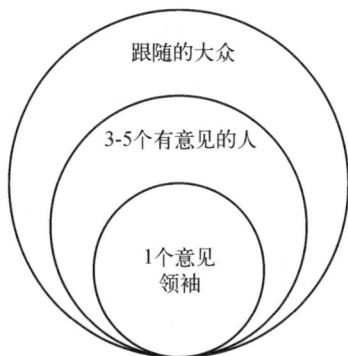

我告诉她们要迅速从群体里分离出有意见的人,然后识别其中 1 个关键意见领袖,从该意见领袖开始倾听、开始处理。这就是处理群体事件的一个主要的思路线索。像这样为信息"建模",是一个非常重要的环节,我们接下来就详细地解释一下这个部分。

如何为信息建模

你萃取了一个专家关于某项任务的工作方法，很想为他的这些工作方法匹配一个小模型。要实现这一点，包括两个关键的步骤：

```
分析信息间     →     设计图形表达
的逻辑
```

首先，你要先吃透信息间的逻辑是什么，然后才能找到合适的图形。这里又有萃取师主观的印记，同样一段信息，可能不同的人去描绘，逻辑是不一样的。日本著名的信息设计专家樱田润编著了《信息图表设计入门》一书，总结了信息间的四大类逻辑，可以供我们参考。

第一类逻辑：并列型。信息间是平等的、并列的、没有前后顺序的。例如"旅客提出需求时，可以表达自己在认真倾听"的技巧有四条：

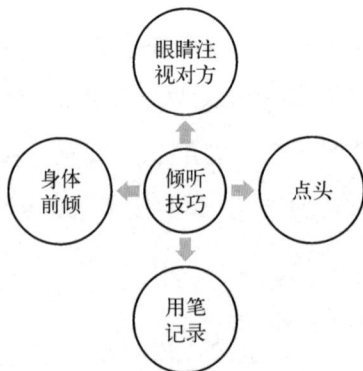

```
          眼睛注
          视对方
            ↑
身体          倾听          点头
前倾  ←      技巧      →
            ↓
          用笔
          记录
```

这四条就是典型的并列关系,先说哪一条都没关系。

第二类逻辑:顺序型。信息间不是平等的,有前后顺序。例如"倾听旅客的方法",其实就暗含着一定的工作顺序:

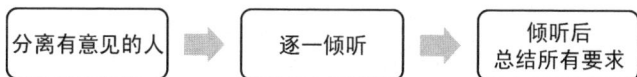

第三类逻辑:递进型。信息间不是平等,一个比一个大或者一个包含另外一个,有递增或者递减的顺序。例如刚才提到的"1个关键的意见领袖"、"3~5个有意见的人"、"跟随的大众",三者间就是典型的递进关系。

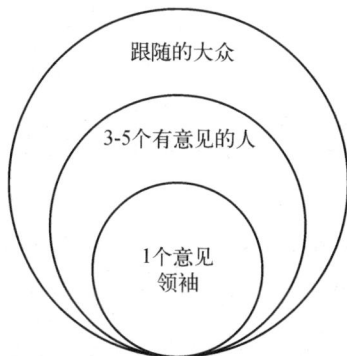

第四类逻辑:交叉型。同时有两个维度来约束一个结论。例如,在张经理的这个案例中,我们可以对所有的旅客群体做一些二维分类,每一类受众请张经理推荐一些解决和应对的方法。

偏外显

| 个人认可 | 专业回答 |

关注面子 ←———— 关注道理

| 注意识别 | 及时通报 |

偏沉默

如果信息的逻辑识别清楚了，我会经常使用 Office 自带的 Smart Art 功能，基本能满足我们设计图形的需要，上面使用的所有图形都是从 Smart Art 里选择图形制作的。

总　结

• 萃取一个专家的经验，要遵循 SPAS 的结构。

• 萃取的关键在于我们能迅速地理解专家，问出关键的问题，并且依据专家的回答，找到亮点，进一步提炼。

• 逻辑能力和抽象能力在萃取过程中至关重要，而这部分能力只能通过实践不断提升完善。

第5章　萃取的技术

在前一章，我们介绍了萃取最佳实践的基本逻辑思路。在实际工作和项目中，我们主要使用三项技术来萃取最佳实践：**材料分析、专家访谈和专家研讨工作坊**。

其实除了上面这三项技术，还有一项技术叫做"观察"。我们可以观察一个绩优的员工在岗位上的实际工作过程和情况，以此来分析其做法。但是目前这种技术使用的空间越来越小，原因主要有两个。

第一，"观察"法有一个适用性的前提：专家执行的这项工作必须是可观察的。可观察的任务包括：一个咖啡专家冲泡一杯咖啡；一个工人熟练地在施工现场摆放各类工具材料等等。目前，这类可观察的任务在组织里很多都已比较成熟，在需要解决的问题中所占的比重越来越小，更多的问题是那些不可视的认知任务（cognitive task）。例如，一个数据经理分析各类数据、识别问题点等等。更重要的是，即使是在一个可观察的任务中，被观察的专家为什么遵循那样的流程和步骤，每个环节底层有哪些挑战点、如何去解决等认知性的问题，也是属于认知性的任务，观察这项技术就没有办法使用了，需要专家来解释和说明，因为我们看不到人脑中到底发生了什么。

第二,"观察"法可替代性很强。我们在观察专家工作时,最容易识别出来的是他们的工作流程和步骤,而这些一般通过专家的访谈和描述也能较好地识别出来。

因此,在这一章里,我们只把重点放在材料分析、专家访谈和专家研讨工作坊这三个技术上。

不管使用哪一种技术,我们都需要贯彻 SPAS 的逻辑思路,即:在现有材料和访谈中去找到成功的故事,分析故事下的整体图片,并对每一个环节进行审查和分析,之后整合成一定的结构。

材料分析

材料分析指的是从绩优人员的工作产出(各种文档、各种工作产出物)中分析他的工作方法和工作思路,提炼最佳实践。例如:

- 一个优秀销售给客户提交的建议书
- 一个优秀的产品经理开发的年度规划和计划
- 一个采销经理编写的某一品类发展建议

......

　　有时候,找到特别好的文档会对我们萃取最佳实践有非常大的帮助,因为专家在写这些文档的时候,已经经过了自己的梳理,在尽力呈现一个结构化的思路,因此会省我们很多力气。

　　我曾经有一次接到一个项目,要访谈一位互联网的产品经理。这位女经理在很短的时间里,就把自己产品的活跃用户数以及给公司带来的利润翻了几番。在访谈前,公司的培训经理告诉我说,周围的同事对这位产品经理的评价是:"她的商业意识非常强",因此希望能从她身上萃取出"产品经理如何掌握极强的商业意识"这个主题的最佳实践。商业意识一直是比较让人头疼的话题,是一个典型的劣构问题,要从中抓取到一个"整体图片"是非常困难的。在访谈的过程中,我们也一直在尝试摸索这位产品经理商业意识的全景图,但并不是很清晰。

　　幸运的是,我在访谈中得知她在上任不到 2 个星期的时间里,就有机会和公司的 CEO 进行汇报,并且获得了认可。直觉告诉我,她与上级汇报的文档一定会反映出她在思考产品时候的一些工作思路,因此我请她把给上级汇报的文档分享给我。从这份 PPT 文档里,我清晰地看到了她在给老板汇报工作的时候,是如何阐述自己对行业未来发展前景的思路、与公司战略的对接、未来产品盈利与变现模式的思考等。我认为这是一个产品经理具有商业意识的很好框架,因此我从中剥离出来她的一个思考框架,作为我接下来继续访谈的"整体图片"。

```
        ┌─────────────────┐
        │  以财务结果为导向  │
        └─────────────────┘
                 ▲
        ┌─────────────────┐
        │  自我商业价值定位  │
        └─────────────────┘
          ▲             ▲
  ┌───────────┐    ┌───────────┐
  │ 了解行业中的 │    │ 了解组织内的 │
  │  力量博弈   │    │ 决策与资金流向│
  └───────────┘    └───────────┘
```

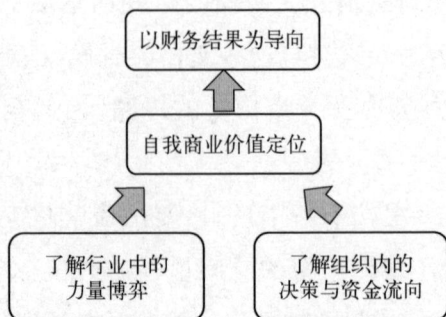

　　一旦识别清晰这个基本框架，我在访谈的时候就着重地针对这张图片里每个部分，了解她的工作方法与经验就好了。这个基本框架为我后期提炼她的工作要点与技巧打下了非常好的基础。

　　因此，找到一个有价值的工作文档或者工作结果文档，对于萃取专家的工作经验是特别有帮助的，往往能起到事半功倍的作用。作为萃取者，我们要养成索取文档的意识，在准备萃取之时，或者在访谈之时，都要留意或者询问是不是有文档可供参考。

❑ 如何寻找到有效的现有材料

　　虽然各行各业不同的人在做不同的事情，但我会把这些事情基本归结为三大类：

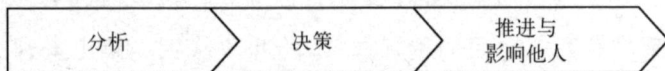

```
┌────────┐  ┌────────┐  ┌──────────┐
│  分析   ╲ │  决策   ╲ │  推进与    ╲
│        ╱ │        ╱ │  影响他人   ╱
└────────┘  └────────┘  └──────────┘
```

第一大类任务是分析。例如,销售在接手一个客户后,可能需要了解这个客户的各种背景信息、组织情况、个人爱好等;一个超市的采购经理,在接手一个品类的商品时,会先分析行业的情况、消费者的需求,分析各个供应商的现状。

第二大类任务是决策。根据分析的结果,我们在工作中的一大类任务就是做决策。决定总体的目标,把目标拆解;决定策略、决定打法;决定所做事情的优先级,等等。例如,销售要找到打动客户的策略,采购经理要制定达成目标的计划、决定工作重点等。

第三大类任务是推进与影响他人。根据制定的计划,去落地执行、与对方建立关系,影响、说服对方,推动他人完成任务。

我们可以按照上述三类任务去寻找相对应的文档:

• 分析类任务。这位专家是否有分类整理了哪些行业的信息与洞察?是否有客户分类文档?是否有自己区域调查相关的文档?

• 决策类任务。这位专家是否有其负责业务的规划书、长短期策略?

• 推进与影响类任务。这位专家是否有与上级进行沟通汇报的文档?是否有向客户介绍产品或者方案的文档?是否有制定的团队执行计划?是否有推进项目中的各种邮件等?

通常来讲，专家们对分享自己的文档都比较开放，除非文档中可能涉及公司的机密。如果碰到这种情况，我会请专家把里面敏感的数据或者战略与计划描述等都去掉，只留下空白的表格、图形等，这些对我分析他们的思路也已经足够了。

个人访谈

个人访谈是最佳实践萃取的核心方法。一般来讲，主要的萃取结果都是从访谈中得来的。然而访谈却并不是一件容易的事情。因为一旦开启访谈，对话的方向就不是访谈者一个人能够控制的。如果访谈者自己没有清晰的思路，会发现问了一会儿就没什么可问的了，感觉有很多技能还需要去发现，却不知道从何处撕破一个口子。还有的时候，如果访谈者缺少足够的能力把控对话进程，就会发现自己只能随着被访者的回答而摇摆，虽然被访者洋洋洒洒地说了很多，但访谈者回来整理内容的时候，却发现对自己有用的信息少之又少。更多的时候是专家们似乎总是所答非所问，回答的内容非常简短，我们不知道该如何能让专家变得健谈，吐露出更多有用的信息。

根据这些问题，我们总结了如下的技巧，可以让访谈更加顺畅、更加便于掌控、更加容易地达到既定的目标。

❑ 访谈前：不打无准备之仗

一个有效的访谈一定是把时间用在刀刃上。通常约请专家访谈的时间不宜超过 90 分钟。如果有必要的话，我们对同一专家可以约两次或者两次以上的访谈。在这 90 分钟的宝贵时间里，我们需要尽快进入到"整体图片"及"知识审查"的环节，因为这是最核心的部分。因此在访谈前，需要尽量多地熟悉和了解这个岗位以及相关的工作任务，不要把时间浪费在了解专家的基本工作情况上。

比如，在上面给出的航空公司的例子里，我知道自己要访谈一个处理群体危机事件很有经验的地面服务经理。在访谈之前，我和这家航空公司人力资源部门的同事，包括一些地面服务的培训老师做了一些非正式的沟通，了解这家航空公司是如何排班的，在航班延误处理流程中，公司的基本流程和要求是什么样的，地面服务经理日常是如何在整个候机大厅巡视的，日常的工作状态是什么，都有哪些主要的工作职责等等。因为我没有在航空业工作的经历，这个过程对我就变得更加重要。

这个部分，我通常把它称为"insider 访谈"，找到 1～2 个对业务非常熟悉的、和你个人关系不错的人员，运用一些非正式的机会，尽量多地了解这个岗位的人都在做些什么，这些是访谈前非常重要的工作。

除了熟悉基本情况之外，我们还应该注意在以下方面做好充分的准备：

• **访谈的时间**。我们最好事先知道专家访谈时的工作状态,是有充分的时间可以与我们交流,还是工作非常忙碌,访谈前后都有紧要的工作安排。如果专家在访谈后还有重要的会议要参加,我们需要严格把控时间,并在开始就说明:"我知道您之后还有会议,我们会在 60 分钟内就结束访谈。"如果专家很忙,我们访谈时就要避免过多的客套,简洁明了,直奔主题;如果专家有充分的时间,我们就可以在合适的时机聊聊个人的一些话题,调节气氛,拉近关系,让专家感受到更加轻松的氛围,充分打开"话匣子"。

• **访谈的地点**。最佳实践萃取的访谈最好是面对面进行,电话访谈很难深入下去。同时,最好不要约在嘈杂的咖啡厅,而是约在封闭的会议室里,在旁边摆上白板纸和白板笔,一边访谈,一边运用这些工具画一些步骤、模型,请专家随时确认。我发现有的专家自己画图的意识很强,当你画了几个步骤来表达自己的理解时,他也愿意起来帮你画画,更加结构化地分享自己的答案。

• **录音设备**。我比较建议对访谈进行录音,因为双方交谈时的细节太多,笔头根本记不全。不要太正式地向专家介绍录音设备,容易引起他们的警戒心里。我会用稍微轻松的语气和他们沟通:"今天的访谈我恐怕得录音了,因为一问到具体的工作方法,我们肯定笔记不全。今天录了音,回去之后我们可以详细整理。录音这些文件我们谁也不会给的,只是我们内部整理材料使用,你看没问题吧?"如果专家同意,我还会接着说:"嗯,谢谢,这些录音在整理完毕后,我们就会删除的。"

- **访谈问题清单**。我一般反倒不会给自己准备访谈的问题清单,一个长长的访谈问题清单可能会限制住访谈者的手脚。相反,我会准备访谈的目标。例如,我今天访谈的目的是梳理出整体的图片,或者说我前面已经访谈了几个专家,图片已经清楚了,今天和他访谈的目的是把第三个步骤的具体技巧问清楚等等。每次访谈的目标不宜太多,1～3 个最为合适。想清楚了之后,就可以进入到正常的沟通状态,可能问的问题要随着对方的回答而变化,但是目标始终是清楚一致的,要时刻衡量目标是不是达成,如果没达成,还能问哪些问题。

- **访谈礼仪**。提前到达访谈的现场是比较有礼貌的行为。即使客户公司的文化是非常休闲的,我们也建议访谈者穿着比较适合商业环境的衣服进行访谈。我们需要准备好纸、笔、录音笔、自己的名片,以备不时之需。

- **访谈的开场**。访谈的开场最好提前设计一下,在一开始的时候,被访者心里往往可能有三个疑问:"你是谁? 为什么访谈我? 为什么是你来访谈我?"所以思考一下这三个问题该怎么回答。我通常会这样介绍:"您好,我叫孙波,是一名外部的顾问,专门从事经验萃取和提炼的工作。这次是在和公司人力资源部门一起实施某某项目。业务部门的负责人都向我推荐您,说一定要访谈一下您,因为您在某某方面非常有经验。我们也已经访谈了其他几位专家,今天还希望能从您这里获得更多帮助。"

□ 访谈中:把控全局

在访谈中,非常重要的一点是"访谈者要牵着被访者的鼻子走",而不是"访谈者被被访者牵着鼻子走"。这么说并不是我们要影响被访者的回答,而是说我们要时时刻刻地确保访谈在按照我们的思路与节奏进行,能够达到我们的既定目标。

为了实现这一点,如下的几个技巧非常关键:

技巧一:访谈时始终在头脑中保持一条清晰的主线。访谈需要按照 SPAS 的过程去行进。

清晰的主线

第一个把握主线的技巧是尽量先把整体图片(工作步骤与流程)找到。在整体图片不清晰的时候,不要进入到细节。当然专家并不知道我们的逻辑,他们会特别容易揪住一个细节分享很多,也有可能跑题。我一般会允许专家先自己尽情地说(打断他兴致勃勃的分享不太好),但是我心里知道我先不需要太关注这里,细节的分析属于最后的知识审查环节。所以我在他说完后,会这样引导:"刚才您分享的这个部分非常有趣,看来这个环节有很多的小技巧,一会儿我们一定会再把这里仔仔细细地分析一下,现在我先来明确一下,看来您做这个事情主要有三个步骤,您先想一想，这三个步骤是不是足够了？还会有第四步，甚至第五步吗？"我后面提出的问题，就是把专家从细节拉回来，先把整体图片识别清楚的意思。

第二个把握清晰主线的技巧是时不时地进行总结，把被访者拉回到先前整理的整体图片。比如我刚刚围绕第一个步骤进行了深度的知识审查和挖掘，准备进入到第二个步骤的分析，这时我会说："好，让我们再来看一下，刚才我们总结了这个任务的完成一共有四个步骤。我们已经就第一个步骤做了详细的分析，您总结了 6 个技巧，我觉得非常实用。接下来，我们来看看第二步，现在请您跟我分享一下您认为第二个步骤都有哪些工作方法，常遇见的难点是什么……"这就是时不时地让专家也让自己回忆起整体的图片，不断围绕整体图片上的各个步骤来询问。这时要特别注意，如果第一个步骤没问清楚，那就不要进入到第二个步骤，要把所有的步骤都询问清楚。

技巧二：在过程中不断地总结、确认、追问。

在专家分享完一段话后，千万不要没有任何的呼应，就直接说："好，我的下一个问题是……"这种提问方式会给专家一种感觉，对面的人只是在按照问题顺序提问而已，她并没有认真关注或者理解我的回答。这时专家可能会进入到一种抵触的心态，期望你赶紧把问题都问完，每个问题他如果能对付就对付一下好了。因此，在专家说完后，我们需要给予恰当的呼应。

这个呼应最好是你能够总结、条理化专家的回答。例如："刚刚听起来您认为有两大类挑战，是这样吗？"如果我们不能够总结、条理化，至少可以把专家的主要要点重复一下，再做确认。这样做重复还有一个好处，就是我们可以赢得更多的时间去分析处理这些信息，可能会在重复的时候，发现哪个地方可以继续追问一下。

在整体图片分析完后，我们要请专家看一下自己分析出来的结果，请他告知是否完整，是否需要调整。第一个步骤的技巧深挖结束后，我们也要做总结，请专家判断是不是还有其他的技巧，一直追问到专家说"没有了，这个步骤就是这样的"。

技巧三：对于"模糊"的说辞，要请专家举例。如果你听到一个专家说："我在电话里跟客户介绍保险的时候，都是从他的角度来介绍的。"这句话就是一段模糊的语言，我会接着追问："能给我举个小例子吗？哪次在电话里你说的话是围绕客户的，当时你都说了什么？"等等。

请专家举例子

有很多时候，你觉得自己已经了解了被访者，但其实还没有。一个被访者跟你谈到："我认为我们公司的员工最大的问题是工作缺乏主动性。"这句话似乎很清楚，但是其实他嘴里说的"主动性"跟你所理解的"主动性"可能完全不是一回事。这个时候，你可以这样去追问："没错，主动性确实是工作能顺利进行特别重要的一个要素。那您能告诉我，在平时的工作中,您都看到了哪些行为、哪些事情让您觉得员工比较缺乏主动性?"受访者很可能会举出一连串小例子,说明缺乏"主动性"是什么意思,这时你就可以判断这些到底是不是真正的主动性问题了。

技巧四:在访谈过程中,要有意识地显示自己的"权威性"。如果被访者一旦察觉到你不懂他们的业务,那么接下来的访谈就有风险了。他很有可能觉得自己在浪费时间,回答问题的时候,简单地应付一下你就可以了。为了能够避免出现这种情况,我通常会在访谈的过程中时不时地向被访者表明,自己对所访谈的主题是有了解、有准备的。具体来讲,可以有以下几种方式。

第一,让他知道他不是唯一的受访者。比如,我会在专家分享完一个观点后,说道:"您刚才说的这一点我就很认可,事实上,在访谈您之前我们已经访谈了几个经理,大家普遍对这个地方有意见"等等。这句话其实是在让他了解,他并不是我访谈的第一个人,我并不是对主题一无所知。有了这样的意识,专家会更加认真地对待接下来的问题。

第二,多使用抛砖引玉的技巧。向专家提问的时候,可以多举例子。比如,跟受访专家说:"我之前访谈你们林总的时候,他举了这样一个例子,我想知道的就是类似这样的技巧。"当你不仅提问,还会分享一些个人见解的时候,被访者会认为你是一个"内行人"。

技巧五：在访谈过程中，要有意识地去认可与鼓励专家。 为了让专家能分享得更多，我们可以在访谈的过程中，时不时地认可他，对他给出的精彩故事表示赞赏，对他给出的意见给予认同。我通常在专家说完一大段话后，都会简单地说："谢谢，您这个故事非常有趣，看来从事你们的工作确实很不容易，需要很多的努力和智慧。"我也会时不时地对他说："刚才分享的这个技巧非常实用"，或者"我还是第一次听到这种观点，我觉得非常值得好好研讨一下"。

其实从前面我举的各种例子来看，你可以发现鼓励专家不是刻意想起来才做的事情，而是要变成自己无意识的一种习惯。任何同专家对话的时候，都要融入认可和鼓励的元素。

❑ 访谈后：激发再次分享

在访谈后，访谈者可以给被访者发一封邮件表示感谢。在邮件里，我通常会表明几点：

- 对您今天抽出时间接受访谈表示感谢。
- 从今天的访谈中，我们在哪几个方面取得了收获。
- 我们对您哪一方面的技巧或者见解尤为感兴趣，希望下次有机会再约您单独沟通。

在对专家的访谈中，我们往往会发现一些对方特别擅长的地方,这时可以做好标注,未来如果在这个方面更需要深入的挖掘,可以找到他(她)继续沟通。

对我来讲,访谈之后还有一个特别重要的事情,就是"及时整理"。虽然我们在访谈的过程中对访谈进行了录音,但是依据我的经验,如果访谈完不去马上整理,过了一段时间再重新听录音做整理,那么性价比会很低,过程会非常痛苦,效果也不好。

比较好的做法是,在两个访谈的中间安排 30 分钟左右的休息时间,马上就把刚刚访谈得出的主要结论用一张白纸清晰地梳理出来,标注哪个地方有案例等等。晚上结束工作回家后,把白纸上的内容输入电脑,过程中补充进能回忆起来的细节,如果哪些地方模糊了,再去听一听录音。这样操作之后,基本上这个访谈的营养就已经被吸收了,录音可以仅做备份就好。

专家工作坊

在实际为客户提供服务的时候,我们还经常碰到这种情况,围绕某一项关键的工作任务,找到了十几位专家,可以通过有结构的引导,带领这些人讨论并总结出围绕该任务的最佳实践。

在这种情况下,我们先要明确一件事:不管是一对一的访

113

谈,还是一对多的专家引导工作坊,我们需要遵循的逻辑都是SPAS。也就是说,面对一群专家时,我们仍然需要请他们分享成功的故事,从中识别完成任务的整体图片,以及找到各个步骤的难点和经验。

与一对一访谈不同的是,在一群专家同时进行研讨的时候,我们会面临以下亦喜亦忧的情况:

1. 最能体现专家工作坊优势的是,多个专家进行碰撞,进行讨论,总结出来的内容往往会比一个人的思考更加全面、更加有深度。因此专家经验萃取的工作坊是非常有价值的。萃取出来的东西更具备代表性,更能体现组织的经验与智慧,而且参加这样的工作坊对专家们来讲也是非常好的、能够停下来总结个人经验的时机。通过系统地梳理,专家也会非常有收获。

2. 比较有挑战的一面是,你可能会发现针对同一个问题,不同的专家会有不同经验和技巧。以我的经验,这些技巧完全相反或者有冲突的可能性不大,更可能是从不同的角度来看待同一问题的解决,或者侧重点不同。引导不同的专家同意一个最终的解决方法,可能非常不容易,专家们往往会坚持自己的看法,不愿意妥协。所以,最佳实践萃取的工作坊如果操作不当,也可能导致没有统一的结果。

下面,我会通过一个小案例,来分享带领业务专家进行研讨的经验和心得。

　　Sally是一家电子商务公司的培训负责人,由于业务的迅猛发展,公司的人才发展秉承着"七上八下"的原则,也就是人才在"七成熟"的时候就要被提拔到更高的岗位,通过实战提升能力。然而对于业务部门来讲,这其实是有风险的,尤其是核心的业务岗位,如果人才的能力不足,可能导致丧失更多的商业机会,丢失应得的市场空间。

　　Sally非常精准地识别到了这个问题,通过与业务部门的沟通,这个公司决定针对本公司的一个核心岗位"采销经理"来开发"运营宝典"。采销经理是这家电商工作的最小盈利单元,每个采销经理都是一个小型的CEO,如果他们能提升自己所负责区域的盈利,就会给公司带来直接的业绩提升,而一个优秀的采销经理非常倚重于经验,在这个领域里有很多没有整理出来的工作方法,目前仅仅处在口口相传的阶段。这个项目就是把优秀的采销经理的经验总结出来,变成工作思路的指导手册。

　　而开发这个运营宝典的模式就是通过工作坊的形式,把十几位专家聚集在一起,用2~3天的时间产生出这个宝典。

　　这2~3天非常宝贵,因为业务的专家事务繁忙,聚集在一起的机会并不多,如何更好地利用短暂的时间,把有限的时间用在刀刃上,引导业务专家产生最多的、最有价值的内容,是工作坊取得成功的核心与关键。

　　下面我们就按照本书前面所介绍的工作内容,来一一展示相关的技巧。

□ 从业务需求到关键任务到业务场景

在把一群专家聚集在一起的时候，一定要事先明确好目标。从业务需求到业务场景的识别可能就需要一天的时间，因此我们尽量在前期通过和业务的高层负责人沟通完成，而不是放到工作坊中。

必须把这项工作放在前面，还有一个重要的原因：只有场景识别清楚了，我们才知道到底要邀请哪些专家来参加工作坊。

我们和 Sally 开了一个会议，明确出为了识别要萃取的场景，我们都应该访谈哪些人员。

在这家电商企业里，有十几条业务线，如家电部、文具部、家具部、服饰部等等。每一条业务线都有采销经理的岗位，一个采销经理通常会负责一个品类，如刘明是负责 3C 部里的移动存储品类的，他的任务就是要和主要的存储类产品生产制造商合作，扩大他们的产品在自己平台上的销售。

从项目管理的角度来讲，这些业务部门的负责人（总监）都是这个项目的发起者，我们从中挑选了 5～6 位主要事业部条线的负责人，对他们进行一对一的访谈。同时，我们还找到几个优秀的采销经理出身的经理，进一步了解采销经理这个岗位面临的问题。

- 采销经理的主要工作任务是什么？包括哪些环节？

哪些环节的任务完成质量比较差？哪个环节任务的质量提高能让采销经理的业务价值发挥到最大？这些问题其实是在识别解决业务问题的关键工作任务是什么（即我们第二章所介绍的方法）。根据受访者的反馈，我们找到了"制定品牌的年度规划"等七项关键工作任务，也了解了其中哪些任务是目前采销经理比较弱的。因为这次我们有足够的专家来参与项目，因此所有七个任务都成为我们的萃取对象，假如专家和时间都不足，我们还会从这七个任务里优选两三个比较重要的来完成。

　　• 围绕每个关键任务，目前采销经理的主要工作内容都包括什么？每个任务可以如何划分合适的场景？

在这个环节，我们请总监们详细地分享了每个关键任务所包含的内容，以及目前采销经理们所面临的问题和挑战。根据理解，我们会为每个任务找到几个典型的场景，例如"制定与实施营销计划"就分为"制定爆品的营销计划"、"制定尾货的营销计划"等几类场景。

场景梳理好后，我们请业务部门确认针对每个场景，哪些人可以被称为"专家"。这些人的工作方法体现了先进的方向，并且绩效比较好，最好这个专家的表达能力还比较强（表达能力的背后是逻辑思维和抽象能力），就可以来参加我们的工作坊了。

□ SPAS 工作坊

工作坊开始了,专家们被事先分好小组,我们需要做的就是围绕 SPAS 的逻辑,设计一个又一个的案例分享、讨论题、互相交流、互相反馈等等,请专家们自己画出自己的整体图片,罗列出每个步骤的难点,并且讨论针对每个步骤每个人自己都有哪些心得和经验。这个过程如果引导得好,你会看到非常多的、有趣的经验在互相碰撞,你会看到专家们在大声地讨论甚至争执,你也会看到很多获得满堂喝彩的观点。但是如果引导得不好,就如前面提到的,可能针对一个小问题就讨论争执很长时间却没有结果,或者大家写出来的仅仅是表面的流程和内容,真正的经验还没有被激发出来。

在这个环节,我们作为引导者绝对不能仅仅关注流程(这一点可能和传统的引导师不一样),一定要跳到具体的内容中去,和专家一起讨论,协助他们找到挑战点。如果他们对挑战点的解决方法讨论过浅的话,我们甚至需要现场做一些访谈,帮助专家们梳理出基本的框架。

除此之外,还有几个引导的技巧是我们需要注意的:

技巧一:强调专家的收益。这种工作坊容易被业务人员理解成"我被人力资源部门抓了壮丁,要去给他们写很多东西"等消极的方面。如果他们有这种心态的话,产出质量一定会受到影响。因此,在工作坊开始的时候,要向专家说清楚,从工作坊里他们可

强调专家的收益

以获得什么收益。一般来讲,这种工作坊对他们的直接好处有以下两个:

- 自己把经验进行梳理后,对个人之后的实践也有很大的指导意义。优秀的业务专家过往都在冲锋陷阵,现在是难得的喘息与整理之机。

- 有机会和其他事业部的人以及有其他特点的专家进行研讨,可以拓展自己的思路,发现自己的盲点,并找到弥补的办法。

技巧二:给予清晰引导路径。让所有参加工作坊的人能够很好地投入,可以利用的另一个技巧是:告诉他们在这几天的工作坊里,我们要达到的目标是什么,达标的标准是什么,为了实现这个目标我们需要分成哪几个步骤,为了结果更加高质量,专家需要如何配合等等。让专家了解这些大致安排,对于调动他们的积极性非常重要。

你可以想象一下,假如自己被蒙住了双眼,被一个人牵着手向前走,你可能会亦步亦趋,走得磕磕绊绊;但假如你是处在一个光明的环境里,领着你的人给你指出了要去的地方的路标,你会走得比牵着你的手的人还要快。引导中同样是如此,不要让专家不知道下一步该做什么而处在迷惑的状态中。

技巧三:为专家变化分组。如果总是这几个专家在一起讨

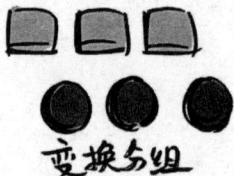
变换分组

论,他们可能会觉得厌倦,尤其是组里如果有人特别强势,那么其他人可能慢慢会压制自己的意见。因此引导者可以变化不同的方式,例如有的问题请来自同一区域的人参加,有的问题则必须是之前两个互相不认识的人一起讨论,可以按照个子高矮为大家排序,也可以小组间互相点评等等。

技巧四:规范产出样式。在工作坊上,特别容易发生的情况是:参与讨论的人并没有理解你提出的问题,他们给出的答案不是你想要的。解决这个问题的最好办法是把你期待专家产出的内容样式画好,例如在白板纸上写下一些表单等等,最

规范产出样式

好能把一个答案的样例也写出来,告诉他们:"我期待大家产出的就是类似这样的内容,这里只是样例,大家可以按照这个格式来写出自己的答案。"一般来讲,运用了这个技巧去做指引,专家的答案就不会偏离轨道。

技巧五:激发成就感。和做访谈一样,在实施工作坊的时候,我们也要关注专家们需要认可、需要鼓励的心理诉求,时不时地设计一些鼓舞人心的小活动。例如,我在请小组间相互检查、相互点评的时候,经常会给他们一些红色的、蓝色的小圆点,如果

激发成就感

看到对方小组的观点或者经验总结得非常好,就会请他们给对方贴个小点点。又或者,在一上午的讨论结束时,请小组的成员互相分享一下从其他人身上学到了什么。这种分享也会让每个

人的脸上充满欢笑。

以上就是专家工作坊中需要注意的引导技巧。

最后,如果专家在工作坊上就某一点争执不休、各执己见,比较好的处理办法就是暂时搁置争议,承认两个专家说的都有道理,然后告诉双方这个问题我们会把他们的意见都保留,之后会和其他更广泛的群体或者更高层级的群体去做沟通,再来做最后的决定。在工作坊上,专家意见不一致的情况很常见,没必要就细节非要争出谁更高明,而且挫败的一方会情绪低落,影响接下来的工作质量。我们只要在工作坊开始的时候管理好期望值就好了,说明一旦有不一样的意见,适度辩论后会暂时搁置,不会在工作坊上就马上下结论。

总　结

- 材料分析、个人访谈和专家工作坊是萃取最佳实践的三项基本技术。不管是哪一种技术,都要遵循 SPAS 的逻辑思路。
- 材料分析如果使用得当的话,会非常高效,专家产生出来的文档里,富含着专家的工作思路与思考的过程。

- 个人访谈是最基本的技术,是挖掘最佳实践的主要方法。访谈的准备非常关键,在访谈中要注意把控访谈的主线,坚持以终为始,设计好自己的提问。
- 专家工作坊通常用在围绕一个关键的工作岗位,围绕多个场景进行经验的萃取。

第6章　分享最佳实践

　　萃取出来的最佳实践,是组织培养和人才发展的最佳武器与资源。在前面的几章里,我们分享了萃取最佳实践的方法。在本书的最后一章,我们来梳理一下萃取出来的最佳实践如何更好地在组织内部进行流转。

　　在设计传播形式的时候,我们需要遵循的最重要原则是:**"从受众的实际工作环境和工作需要出发来设计如何传播,让他们能够更加方便地使用组织里的这些经验。"**

　　在这一章里,我们要分享五种比较常见的传播形式,并且介绍一下在运用这些形式的时候都需要注意些什么。

岗位操作流程与宝典

　　把组织里的一个关键岗位梳理出 4～5 条关键的工作任务,再把这些任务分成具体的场景,并带领专家们对各个场景的工作流程、方法和技能等进行系统的梳理,得到的产

岗位操作
流程与宝典

出就会是一个关键岗位的岗位操作流程与宝典。

萃取出来的最佳实践，不仅包括流程，还包括流程里每个步骤的工作方法，以及围绕挑战点的应对经验和技巧。这些经验和技巧本身可以集结成册，作为学员的阅读材料。在这个宝典里，每个步骤都被详细地描述与说明，达到了可操作的程度。

这种宝典非常适用于新员工的培训。如果公司里面有些岗位新员工入职数目多，又需要员工迅速上手，你就可以考虑来开发这样一个宝典，给新员工每人一本，作为他们在岗自学的资料或工作指导手册，方便他们快速地掌握全部的工作内容。

还有一种适用情况：如果公司的业务属于连锁性质，那么开发门店或者店铺的运营宝典将是非常有价值的。日本著名连锁企业无印良品的社长松井忠三曾经写过一本《解密无印良品》的书籍。在这本书里，他把无印良品能从亏损到大面积盈利的一个秘诀，归功于一本称作"MUJI GRAM"的手册。这本手册详细地说明了公司的单店从店铺经营到商品开发、从卖场管理到服务管理等各项工作内容和操作流程与规范，大大提高了公司的管理和运营效率，为公司业绩提升带来了非常好的结果。

这种岗位操作流程与宝典具有如下优点：

• 学员可以在需要的时间、需要的地点随时检索到自己需要的内容。这些材料要么放置在生产和工作的现场，需要的时候可以随时查询；要么做成电子格式，存放在手机等终端设备中，随时可以拿出来查询信息。

• 满足喜欢自己研究的这类学员的需要。人类接受信息的方式有很多类型,其中有一类是喜欢自己单独学习的人员,这些人喜欢按照自己的步骤阅读吸收信息,对于这类人来讲,一本操作运行的手册最能对他们的学习"胃口"。

在实际工作中,岗位流程与宝典可以有几种形式:

• 阅读材料手册,这是打印成纸质版的阅读材料,方便随时翻阅。

• 电子阅读材料,例如可以基于网页打开的浏览材料。这是电子学习的一种形式,网页、信息分门别类存储。IBM公司曾经把200多个管理类的主题(例如"怎么样辅导下属")全部开发成叫做 Quickview 的网页材料,管理者对哪个主题感兴趣,就可以打开阅读,每一个主题都按照基本的工作方法、工作的注意事项、诀窍与陷阱、工作辅助工具以及阅读材料的框架进行展开,这些资料可以算是管理者的"管理宝典"。

• 基于移动技术的阅读材料,例如利于 H5 技术开发出来的阅读材料。这是更新的、代表未来趋势的呈现形式。现在人们越来越多地通过手机阅读信息,并且这种方式有着无可比拟的便捷性,非常适合传播最佳实践。我们曾经运用 H5 的形式制作了许多最佳实践的阅读材料,例如"如何识别家长中的意见领袖"等主题。培训管理部门只需要动动手指,把这样的阅读链接分享到目标微信群中,就会有很多人打开浏览和学习,从而让知识快速地传播出去。

开发岗位操作流程与宝典的注意事项：

• 接触材料的便捷性和公司技术的保密性之间要保持平衡。把一个岗位的宝典放在全部员工都可以接触的环境中，确实有可能导致辛苦整理出来的信息被复制，甚至有传到竞争对手那里的风险。因此开放式的岗位宝典确实需要在这方面注意保持平衡。在这种情况下，基于手机的阅读材料因为可以设置身份验证的模式，可以限制其被传播的范围。

• 学习材料的趣味性对于刺激学员的学习非常关键，因此宝典里信息的呈现需要进行设计。具体来讲：

■ 大段的信息进行有效分块，减少阅读负担。

■ 多运用图片、动画等吸引人的元素。

■ 不管是纸质的还是电子的个人阅读材料，都可以融入互动的元素，提高人阅读的兴趣和注意力。

如果你对岗位操作宝典感兴趣，可以联系我们索要样例。

培训课程

萃取的组织最佳实践，可以通过面授课程传递给需要的人员。从实践中来看，培训课程通常有以下几种类型：

• **1～2 天的面授课程。** 这种情况比较适合围绕一个比较大的任务萃取出来的最佳实践，作为一个核心的业务类课程。例如我们曾经辅导过的业务类课程包括：

- 一家会展公司为自己的销售开发的《会展类服务销售方法论》
- 一家商业地产公司为自己的招商人员开发的《招商全流程》
- 一家白酒公司开发的《大客户管理》
- 一家公关公司开发的《公关项目管理》

这些课程富含这个岗位上最优秀人员的工作经验，可以作为该岗位人员的必备培训课程。

■ 这种形式的优点在于可以非常系统地把关于一个工作任务的工作方法、技能与技巧进行传递，课程尤其适用于岗位上 0～3 年的员工。课程的课件可以不断进行更新优化，成为公司知识资产记录与传承的重要载体。因此公司的每个关键岗位都应该考虑设置这样的标准课程。

■ 在具体执行的时候，我建议培训部门识别公司里的哪些对口高管和专家比较适合作为这个课程的长期负责人。在第一次开发完毕后，定期的更新和完善工作就由这两个人负责，并且请他们作为认证新的讲师的负责人，这样不仅仅增强业务部门的负责任心态，让他们理解业务培训是他们应该投入的重要工作之一，还会确保这个课程始终能把公司最新的案例融入进来，让课程内容始终"贴地气"。

■ 这种形式可能存在的问题是，1～2天左右的集中时间对于一些员工分散或者工作压力特别大的岗位来讲，运行的成本过高。

• **3小时以内的微面授课程。**这类课程指的是仅围绕一个典型的挑战情境设置的短小面授课程，例如：仅针对"如何在拜访过程中识别决策者的购买动机"这一个话题，进行1～2个小时的分享与讲授。

■ 这种形式的好处在于灵活、好安排。可以借助午餐、团队会议等各种场合随时安排，题目也可以随着业务运营的特点来安排。例如"如何与绩效差的员工进行绩效面谈"的微课程，就可以安排在年底绩效面谈的高峰期进行。

■ 在执行这种课程的时候，建议培训部门开发好微面授课程的各种支持性文档，例如PPT、讲师手册和学员手册，然后把这些基于情境的课程开放给一线管理者。他们可以利用这些内容在各类会议上或者节点上，去给自己的下属讲一讲。例如，我们曾经为一家二手房中介机构的门店店长设计过多个情境小课堂，其中的一些题目是诸如《如何设计社区营销活动》等内

容。假如公司要推广一个新产品,店长正在布置相关
的工作,这时上面那些小课件就非常有帮助。店长可
以先借助课件做一个小时的分享,之后大家在一起讨
论这次新产品推广都应该怎么做。

　　■ 建议愿意采用这种形式的组织对微面授课程进
行系统的规划,逐渐形成体系。

　　• **研讨式工作坊**。最佳实践文档还可以和业务研讨结
合起来。在进行结合的时候,有两大类应用:

　　1. 企业常常面临的问题是,自己内部对某些场景和挑战的
解决方法还并不成熟,萃取出来的内容仅仅来自现有的、为数不
多的业务专家经验。在这种情况下,培训部门就可以围绕这些
场景和挑战举行一些"高手过招"式的工作坊,共同研讨、共同创
新解决办法。

　　在 2016 年,我们曾经接触了一家专做游戏的互联网公司,
这家公司之前擅长的是制作各种棋盘类、纸牌类游戏,积累了很
多忠实的玩家。随着互联网发展趋势的变化,公司意识到围绕
这些玩家不仅仅可以开发各类游戏,还可以针对他们的各种需
求,拓展与游戏相关的各种周边产品。于是,该公司开始尝试经
营战略的创新,开拓了类似游戏商城一样的功能。

　　这种战略转型对公司的产品经理提出了新的要求,过去
他们非常擅长设计和开发各种游戏,现在还需要他们掌握如
何更好地把游戏产业全链条的人带动进来,围绕用户拓展新

的商机。

按照本书前面部分对业务问题的分类,该互联网游戏公司面临的挑战其实是属于"未知的问题"。于是,该公司决定进行一些研讨工作坊,大家共同探讨该怎样应对新的挑战。有意思的是,我们通过调查发现,来参加工作坊的人有的已经在自己的产品线里开始了尝试,有的在之前其他公司工作经验里曾经接触过类似的需求。因此,为了让研讨能有一个共同的基础,也为了激发大家在研讨前先进行深入的思考,我在研讨前增加了经验分享的环节,请每个参加研讨的人用五分钟时间先把自己过往的经验和思考做一些总结与分享,之后再就一些关键的挑战进行头脑风暴式的研讨,最后形成自己的工作计划。在这个项目中,研讨的效果非常好,也让我们认识到最佳实践分享可以和业务研讨相得益彰,互相支持与辅助。

2. 规划类最佳实践往往反映了一个科学的规划逻辑,可以围绕这个逻辑进行研讨。

还以那家教育机构的门店店长所整理的最佳实践为例。当时我为他们找到的门店业务规划方法里,包括做用户群分析、竞争对手分析、产品结构分析等,然后从分析的结果来识别业务机会,最后再从众多的业务机会中挑选性价比最高的去追踪与执行。这就是一个清晰的科学规划的逻辑。围绕这个逻辑,我设计了门店进行业务规划的研讨工作坊流程,交给每个区域的区域经理(一个区域经理通常负责几个门店),他们可以按照这个流程,引导自己区域里门店的店长通过研讨的方式来规划自己新一年的业务,一起探讨和交流自己区域所面临的用户特点、探讨竞争策略、探讨产品创新。这种形式的研讨还能增强各个门店间的交流,互相补位、互为促进。

岗位辅导

萃取出来的最佳实践可以成为最好的岗位指导和辅导的材料。具体来讲,可以开发成两类材料:

- **为"导师"准备的材料**

有些企业有自己的导师制。例如:一家房地产公司每年都会招聘大批在售楼处工作的销售人员,对每一个新加入的销售,公司都会给其指派一名"师傅",负责教会这些新人怎么接待客户、推荐产品。但是公司发现这些"师傅"辅导下属的水平参差不齐,有的爱教、会教,有的则完全不会教别人。在我们协助该公司梳理出房地产公司售楼处销售人员的最佳实践后,他们可以非常容易地把这些内容转化成岗位指导与辅导的指南:

■ 首先,最佳实践里识别了几个任务的场景,例如"如何探寻客户的需要"、"如何带领客户参观样板房"等等,这些情境帮助"师傅"们识别了需要辅导的内容范围,而不是完全不知道自己该教什么,或者教的内容有遗漏。

■ 其次，我们按照场景的顺序，为"师傅"们规划了一条"辅导路径"，里面详细说明了一共要辅导多少个场景，场景的难度如何，所需要的时间，先辅导哪个、再辅导哪个，最后完成所有的辅导场景一共需要几个月的时间。

■ 再次，我们要求这些"师傅"必须按照最佳实践里描述的工作方法来完成各项任务。一般来讲，一个完整的流程包括"我说你听"、"我做你看"、"你做我看"、"你说我听"几个阶段。我们会规范要求这些"师傅"们，必须按照最佳实践里说明的方法为学员演示该任务的完成。例如，在带领客户参观样板房的时候，请新员工在旁边观察，"师傅"要注意尽量使用标准话术和动作，以确保每个师傅的辅导动作是一致的。

■ 最后，我们要求每个新员工必须要在"师傅"的眼皮底下完成一次被辅导的任务，请"师傅"为这次完成情况打分，其中打分的条目和标准也是根据最佳实践描述的方法来制定的。新员工只有通过了所有的辅导任务，才算完成了新员工的"带教"工作。

• 为"管理者"准备的材料

从长期角度来讲，业务经理们应该是承担指导与辅导的主要人员，他们也同样面临不知道怎么系统地教，教的时候不知道怎么能讲清楚、讲明白的窘境。最佳实践萃取出来的文字材料，可以作为团队开会时或者一对一反馈时，管理者加以应用的有效工具。在这里，我们建议每个管理者可以依据最佳实践，按照

IBM PARR 的模式来对下属实施工作中的辅导。

	管理者(辅导人员)	下属(被辅导人员)
Prepare(准备)	阅读这个任务的最佳实践文档	阅读这个任务的最佳实践文档,并选择可以实践的任务
Act(行动)		执行任务
Reflect(反思)	阅读下属总结的"自我反思"文档	自我反思任务的完成过程与结果,并写成"自我反思"的文档
Review(总结)	按照最佳实践文档的要求,与下属共同回顾任务执行过程,给予反馈和建议	

在岗位辅导这个方面,组织内的培训部门需要结合最佳实践的内容,为管理者设计几个能够引发深度对话或者研讨的好问题,管理者可以根据自己的需要,从中挑选好的问题与下属进行对话,更好地完成总结的环节。

辅助工具

工作辅助工具指的是员工在工作时,可以为他们提供帮助的各种模板、清单等。最佳实践被萃取出来之后,我们可以根据工作中的挑战节点,设计一些辅助工具,把专家解决问题的知识

和思路固化下来,供员工参考、参照。工作辅助工具包括以下几种类型:

• **清单**。一名销售人员出去拜访客户前,有一些事情需要确认(例如检查自己是否仪容整洁),有一些物品需要携带(例如是否携带了产品介绍、自己的名片)等。我们可以把这些内容分门别类地整理好,做成卡片,请销售们在出门拜访客户前一一确认。

• **决策板**。农药生产厂通常有很多危险化学品作为加工原料,那些操作机器的工人需要熟练操作机器的调压体系,在不同的温度区间,需要把调压的手柄调到不同的位置,这样才能最安全有效地处理加工原料。实际工作中,机器手柄附近通常会贴着一个指示,清晰地展示着决策流程:"当温度到达＊＊度的时候,调压手柄需要调整到＊＊位置。"这样的决策板工具一目了然,随时能供查看,以最大限度地降低人工误操作的几率。

• **工作表**。销售经理们通常需要制作自己这个区域的销售计划,这是一个系统的分析过程,我们可以把这个分析与决策的过程表格化,销售经理只需要循着表格的指示,填上各项数据,执行各种计算,做出各种判断,到最后就可以得出一个可执行的计划,这个计划分析的表单就是一类工作表。

• **话术**。如果你致电各大银行、航空公司的热线电话,会发现接线员的迎候语、解决完问题后的结束语等都几乎是一模一样的,这是因为为了统一服务标准,公司已经给这些热线接话员准备了标准的沟通话术。最佳实践萃取得到的各种经验,也可以转化为各种标准话术,传授给需要的人员。

工作辅助工具有做成卡片式的,也有做成电子绩效支持系统的。例如,在银行的电话销售中,销售人员可以一边打电话,一边翻看电脑上或者自己手机上的产品卖点。

需要注意的是,不管你的组织里使用哪种工作辅导形式,都需要耗费组织的一些人力或者物力来完成。因此在开发这些工具前,需要注意以下几个原则:

1. 辅助工具的开发要针对最重要的岗位,要为达成最重要的业务目标服务。同所有最佳实践的产出一样,你需要从业务的需求出发,识别哪些岗位、哪些任务最为重要,然后为这些岗位和任务进行投入。

2. 辅助工具需要反映优秀和普通员工的差别,而不仅仅是基本流程的介绍。在同一个公司或组织内,即使某一个岗位基本工作的流程是一样的,优秀员工和普通员工做出的结果也会不一样。最佳实践萃取产出的辅助工具,需要关注到底是什么导致了这些差别,把它们整理出来,这些才是更有价值的部分。

3. 辅助工具的开发不应该仅仅是培训部门的职责,更应该由业务部门自己承担。当然,有时业务部门可能意识不到这些辅助工具的重要性，或者自己开发的能力与技能不足，这些培训部门应该给予辅导，但是开发乃至后期维护的主体都应该是业务部门自己，这样才能保证辅导工具真正反映业务部门工作实际，更加落地。

案例

案例是最佳实践的最佳载体。一个好的、能带给人启发和成长的案例，不仅要有生动、有趣、惊险的故事情节，还要能提炼出案例背后的工作结构和方法。在实践中，最佳实践的案例可以包括两种传播形式：阅读案例和案例教学课程。

- **阅读案例**

编写一个案例对于最佳实践萃取的项目来说，其实非常的容易，因为很多最佳实践本来就是从"典型故事"（Story）里面识别出来的，这种工作方法天然就会带来很多故事。经过最佳实践萃取过的故事，只要稍加描述，就可以变成可以阅读的案例了。

在编写阅读案例的时候，我们需要注意两个方面：

1. 案例要围绕场景去做规划。识别出场景地图后，每个场景其实都可以直接转化成一个案例的课题。拿我们在本书第三章里举的例子来说，假如我要给 IT 工程师写一些服务的案例,我可以围绕"IT 工程师给客户提供服务"的 9 个场景,编写出 9 个案例。

- 如何通过邮件向客户更新信息、定期汇报的案例;
- 如何在客户检查时,提供介绍性质的服务的案例;

等等。

2. 案例要围绕最佳实践点去编写。每个场景下我们都梳理出了挑战点与解决方法,当你去写这个场景案例的时候,要注意融入这些挑战点和解决方法,反映出可复用的工作方法。案例故事写好后,设计的讨论题和思考题也要围绕挑战点去设计。企业如果能把核心岗位的关键任务下所有场景都开发成案例,就会形成非常好的、可阅读的、能让员工成长的案例库。

3. 好的案例要有情感、有细节。在具体编写案例内容的时候,还要注意能够结构清晰、引人入胜。好故事的特点都是共通的,里面有细节的描述、情感的分享、设置的悬念等等。

- **案例研讨会**

案例既可以让学员自己阅读,也可以用来设计成业务团队共同学习的案例研讨会。这种会议可以由培训部门来引导,也可以由业务管理者自己来引导,是非常好的提升团队能力的媒介。一般来讲,我们在为客户设计案例研讨会的时候,会遵循如下思路:

■ 设计研讨会的开场。开场的必要元素是参与者互相熟悉，并让每个人认识到这个研讨工作坊对自己可能带来的价值。

■ 设计每个讨论题的分组。结合每道讨论题的特点设计学员的分组形式，有的讨论题适合不同经验的人混在一起，有的则适合相同背景的人一起讨论。另外，在讨论过程中要注意变换分组，以确保大家对每一轮讨论都能保持新鲜感。

■ 设计每个讨论题的汇报模式。讨论的汇报也是关键的节点，要确保每个参与的人都有机会发表自己的意见，汇报的方式也可以从单人汇报小组答案，变成博物馆游览（参观白板纸）、讨论大使（一名代表去其他小组发表意见）等有趣的形式。

■ 设计研讨会的结束。研讨会的结束一定要让参与者把案例研讨中得出的知识点与自己的实际工作相结合，把研讨中获得的启发点转变成实际的工作计划。

总　结

• 最佳实践不仅仅可以做成课程，更有不同的形式可以使用。它就像是一些做饭的原材料，做成什么样的可口饭菜要看后期学员的需要以及实际的业务情况来决定。

- 好的最佳实践的应用应该是便捷的、可以快速传播的、和业务场景结合紧密的。

- 在最佳实践的传播过程中，应该让业务部门承担起主要的责任，人力资源或者培训部门更多的是协助他们进行传播与赋能，而不应成为主角。

参考文献

1.《影响力》,(美)罗伯特·西奥迪尼 著,陈叙 译,中国人民大学出版社,2006 年 5 月

2.《影响力 2》,(美)科里·帕特森 等著,彭静 译,湛庐文化出版社,2008 年 7 月

3.《将培训转化为商业结果——学习发展项目的 6D 法则(第 2版)》,(美)卡尔霍恩·威克 等著,周涛 宋亚南 译,电子工业出版社,2014 年 3 月

4.《场景革命》,吴声 著,机械工业出版社,2015 年 7 月

5.《高效能人士的执行 4 原则》,(美)克里斯·麦克切斯尼 等著,张尧然 杨颖玥 译,中国青年出版社,2013 年 2 月

6.《信息图表设计入门》,(日)樱田润 著,施梦洁 译,上海人民美术出版社,2015 年 7 月

7.《解密无印良品》,(日)松井忠三 著,吕灵芝 译,新星出版社,2015 年 4 月